KB165028

더 맞춤법

맞춤법 절대강자 김남미 교수의
더 맞춤법

초판 1쇄 발행 2020년 7월 1일
초판 4쇄 발행 2023년 11월 20일

지은이 | 김남미

펴낸곳 | (주)태학사
등록 | 제406-2020-000008호
주소 | 경기도 파주시 광인사길 217
전화 | 031-955-7580
전송 | 031-955-0910
전자우편 | thspub@daum.net
홈페이지 | www.thaehaksa.com

편집 | 조윤형 여미숙
디자인 | 이보아 한지아
마케팅 | 김일신
경영지원 | 정충만
인쇄·제책 | 영신사

값 14,500원

ISBN 979-11-90727-00-6 03710

이 도서의 국립중앙도서관 출판예정도서목록(CIP)은 서지정보유통지원시스템 홈페이지
(http://seoji.nl.go.kr)와 국가자료종합목록 구축시스템(http://kolis-net.nl.go.kr)에서 이용
하실 수 있습니다.(CIP제어번호: CIP2020023764)

맞춤법 절대강자 김남미 교수의

더 + 맞춤법

태학사

살아 있는 말소리로 시작하는 맞춤법 공부

1989년 국어국문학과의 어느 강의실에서 교수가 말했다. "맞춤법은 죽은 언어다." 맞춤법을 좋아하던 어린 대학생은 충격에 빠졌다. 맞춤법이 죽었다니! 그러면 그간의 맞춤법에 대한 지대한 관심과 맞춤법의 원리를 찾아 가던 소녀의 탐구심이 모두 죽은 것이란 말인가? 아이러니하게도 절망에 빠진 소녀는 문법을 더 공부하여 문법학자가 되었다. 그리고 30년이 지난 지금에야 "맞춤법은 죽은 언어"라는 말의 의미가 무엇인지 알게 되었다.

그 말은 맞춤법의 죽음을 강조한 것이 아니라 우리가 하는 말의 살아 있음을 강조한 것이었다. 내 언어가 가진 문법 원리, 우리의 언어가 가진 문법의 질서로부터 우리말의 표준어와 맞춤법이 생성되는 것이라고. 그때의 음운론 교수만큼 나이를 먹은 소녀는 대학의 어느 강의실에서 말한다. "살아 있는 우리의 언어에 더 많은 관심을 가지세요. 그 안에 맞춤법 원리가 있거든요." 나는 제법 훌륭한 학생이었던 모양이다. 이제 맞춤법 원리를 설명하는 데 어느 정도 전문성을 가지게 되었으니.

햇수로 3년 동안《동아일보》에〈맞춤법의 재발견〉이라는 원고를 내고 이것들을 책으로 묶어 내게 된 것도 그 잘 배우던 학생이 이룬 성과 중 하나이리라. 강의에서든 저서에서든 맞춤법에 접근하는 방식은 언제나 일관되어 있다. 정리하면 아래의 세 가지다.

첫째, 원리로 접근해야 한다.

표준어를 소리 나는 대로 쓰되, 어법에 맞도록 한다. 맞춤법의 주요 원칙이다. 이 원칙 자체가 맞춤법에 원리로 접근해야 함을 보여 준다. 우리 머릿속에는 우리말의 원리가 들었다. 이 원리는 우리가 사용하는 말의 소리와 의미로 드러낸다. 맞춤법을 제대로 공부하는 것은 내가 사용하는 말로 머릿속 규칙을 확인하는 과정이다. 가장 간단한 규칙 발견 방식은 예시를 만들어 말소리를 확인하는 것이다. 내 말의 사용에 드러나는 질서를 찾아 문법 규칙을 발견하는 과정, 그것이 원리에 접근하는 방식이다.

둘째, 관계로 접근해야 한다.

단어는 언제나 다른 말들과 관계를 맺으며 존재한다. 그 관계를 알아야 맞춤법을 제대로 이해하는 것이다. 무엇이 더 중요한가를 판단하는 것 역시 관계를 읽는 방식 중 하나다. 중요한 것을 중심으로 단어 관계를 읽어야 전체 틀이 보인다. 개별적이고 특수한 것에 얽매여 일반적이고 보편적인 관계를 놓치면 맞춤법이 더 복잡하고 어려운 것이 된다. 더 큰 관계를 읽기 위해 기본형, 비슷한 환경에 놓인 말, 문장 속의 관계 등을 고려하면서 고민을 확장해야 한다.

셋째, 사고할 상황에 놓여야만 한다.

생각보다 사람은 사고하는 것을 좋아하지 않는다. 일상에서 맞춤법에 대해 깊이 생각하고 싶은가? 그렇지 않은 것이 정상이다. 맞춤법을 알고 싶다면 맞춤법을 고민해야만 하는 상황을 일부러 만들어야 한다. 그래야 실질적이고 유용한 사고가 가능해진다. 가장 간단한 방법은 중요한 글을 쓰는 상황을 만드는 것이다. 글을 쓰는 상황은 맞춤법 자체에 관심을 가져야만 하는 상황이 된다. 그리고 그 글이 중요한 글일수록 규범에 대한 생각이 깊어지게 된다.

익지 않은 생각을 마음껏 펼 지면을 제공한 《동아일보》의 담당자들에게 감사의 인사를 보낸다. 그간의 원고를 저서로 꾸릴 기회를 주신 태학사에도 깊은 감사를 드린다. 이 책이 나오게 된 것은 맞춤법에 대한 내 작은 견해를 응원해 준 사람들 덕분이다. 작은 성과를 크게 맺게 해 주시는 모든 분들에게 감사드린다.

2020년 6월
김남미

차례

4장   목소리에 속지 말자
               ─ 발음이 비슷해서 헷갈리는 말

1장

그림자에 속지 말자
우리를 절대 속이지 않는 규칙들

말의 원리

'귀하지 않다'에서 온 '귀찮다'

'귀찮다'는 '귀하지 않다'에서 온 말이다. 'ㅏ'가 탈락한 '귀치 않다'가 '귀찮다'가 된 것이다. 여기서 특이한 점을 발견해 보자. 비슷한 환경의 다른 예를 보는 것이 도움을 줄 수 있다.

   • 치다(打): 치- + -어 → 쳐

'치어'의 준말은 '쳐'다. 준말 표기는 본말과의 관계가 중요하다. '치+어'를 '쳐'로 적는 것은 본말을 반영해야 의미가 명확해지기 때문이다. '치+어 ˃ 쳐'로 적는다면 '치+아 → 챠'가 되어야 할 것이다. 하지만 '귀챦다(×)'로는 적지 않는다.
   그 이유는 분명하다. '귀치 않다'라는 말을 들어 본 일이 있는가? '귀찮다'가 '귀하지 않다'에서 왔다는 것조차 생소하다.
   본말과 준말의 고리가 끊어져 결과만 남은 것을 '굳어진 말'이라 한다. 굳어진 말은 원말과는 독립적인 말이다. 그래서 소리 나는 대로 적는다. '귀찮다, 괜찮다, 편찮다'는 이미 굳어진 말들이니 소리 나는 대로 적는 것이 원칙이다.

여기서 두 가지 질문이 생긴다. 첫째, '굳어진 말'인지 아닌지는 어떻게 판단하는가? 일반인이 이를 구분하기는 어렵다.

하지만 우리가 이를 전혀 모르는 것도 아니다. 우리는 '귀찮다, 괜찮다, 편찮다'를 '귀찬타(×), 괜찬타(×), 편찬타(×)'로 잘못 적는 일이 별로 없다. 아래 예들과 비교하면 분명 그렇다.

- 이렇게 애원하잖아.(×)
- 엄청 무서웠잖아.(×)

이런 표기 오류는 주로 '본말-준말' 관계에서 발생한다. 우리가 무의식적으로라도 본말을 떠올리기에 생기는 일이다. 옛날 맞춤법에서는 '굳어진 말'과 '본말-준말'을 구분해 굳어진 말은 '-잖-, -찮-'으로, 준말은 '-쟎-, -챦-'으로 적기도 하였다. 자연스럽게 두 번째 질문으로 이어진다. 그러면 지금은 어떤가? '-쟎-'이나 '-챦-'으로 적어야 하는 것도 있는가? 현행 맞춤법에서는 그렇지 않다. 콕 짚어서 설명한 항목이 있다.

> 어미 '-지' 뒤에 '않-'이 어울려 '-잖-'이 될 적과 '-하지' 뒤에
> '않-'이 어울려 '-찮-'이 될 적에는 준 대로 적는다.
> — 한글 맞춤법 제39항

'-지 않-, -하지 않-'의 준말에 대한 설명이다. 본말을 생각하면 '-쟎-, -챦-'으로 될 법도 한데 '-잖-, -찮-'으로 적어야 한다. 굳어진 말이든, 본말-준말이든 모두 '-잖-, -찮-'으로

적는다고 정한 것이다.

이쯤 되면 화를 낼 수도 있다. 모두 '-잖-, -찮-'으로 적는데 왜 굳이 '준말', '굳어진 말'을 구분해서 복잡하게 만드는 것이냐고. 그렇지 않다. 이 둘의 구분은 우리가 무엇을 잘못 적는지를 이해하는 데 중요하다. 잘못 적게 되는 이유를 알아야 맞춤법을 제대로 지킬 수 있지 않겠는가. 더 주목해야 할 점은 지금까지의 논의 대상이 '-지 않-'에 한정된 현행 맞춤법의 정책이라는 점이다. 이와 관련되지 않은 '본말-준말'의 관계는 얼마든지 많으며 이들은 우리의 맞춤법 오류에 관여할 수 있다는 점을 기억하자. 우리는 언제나 본말을 인식하면서 말을 하지만, 일상에서는 흔히 준말을 사용하니 말이다.

ㅊ 받침은 일석삼조

며칠 전 어떤 프로그램의 퀴즈로 우리말 표기로 적절한 것을 고르라는 문제가 나왔다.

① 깎아

② 깍아

맞춤법의 본질을 고민하는 우리에게는 아주 의미 있다. 제대로 이해하기 위해 더 쉬운 문제를 풀어 보자. '꽃'은 왜 '꽃'이라고 적어야 하는 것일까?

이런 질문은 정말 중요하다. 이 책에서 내내 강조하다시피, 우리말의 맞춤법은 우리의 발음으로 결정된다. 별도의 맞춤법 원리가 있는 게 아니라 우리가 그렇게 발음하는 것이기에 그렇게 표기한다. 그렇다면 이상하지 않은가? 한국어를 모국어로 하는 우리는 [꽃]이라 발음하지 못한다. [꼰]으로만 발음할 뿐이다. 그런데 왜 그렇게 적는가?

너무 쉬운 질문에 당황한 사람들은 이렇게 말할 수 있다. 의미를 구분하기 위해서라고. 물론이다. 우리가 어떤 단어를 동일하게 적는 것은 같은 의미를 같은 모양으로 적어 의미 전달을 제대로 하려는 의도다. 그런데 고정해 적는 모양이 왜 하필 '꽃'인가?

또 다른 이들은 이렇게 답할 수 있다. "모음을 연결하면 '꼬치, 꼬츨'이 되니 'ㅊ'을 써야 하는 걸 알 수 있잖아요." 맞다. 하지만 다 맞는 것은 아니다.

단어는 혼자 쓰이지 않는다. 뒤에 어떤 것이 오는가에 따라 소리가 달라진다. '꽃'이라는 단어가 여러 가지로 소리가 나는 것은 뒤에 오는 소리 때문이다.

- 꽃 + ㅣ → [꼬치]: 연음 규칙
- 꽃 + 만 → [꼰만]: 자음 동화, 음절의 끝소리 규칙
- 꽃 + 도 → [꼳또]: 된소리되기, 음절의 끝소리 규칙

우리가 '꽃'이라고 적는 이유는 '꽃'이라고 표기해야 [꼬치], [꼰만], [꼳또/꼬또]를 비로소 설명할 수 있기 때문이다. 위 규칙들이 적용돼 우리의 일상 발음이 되는 원래의 것을 거꾸로 찾아내면 '꽃'이 나온다는 의미다.

우리들 모두 머릿속에는 사전이 있다. 그 사전 안에는 원래의 모양인 /꽃/이 저장돼 있다. 우리가 일상에서 말할 때 규칙들이 적용돼 [꼬치]나 [꼰만], [꼳또/꼬또]로 소리 나는 것이다. '꽃'이라는 표기는 우리 머릿속에 저장돼 있으리라 여겨지는 그 원래의 모양이다. 우리의 다양한 발음들이 가리키는 방

향대로 적은 표기인 것이다.

그러나 정작 놀라야 할 것은 '꽃'으로부터 다양한 발음을 이끌어 내는 우리의 능력이다. 한국어를 모국어로 하는 사람은 누구나 이런 규칙을 적용해 발음하는 그 복잡한 일을 순식간에 한다. 우리가 발음하는 원리에서 표기하는 원리가 나온다는 것은 우리의 이런 능력을 이해한다는 의미다.

처음의 문제로 돌아가 보자. [까까]라는 발음에서 뒤 음절의 'ㄲ'을 보고 '깎아'로 적는 것이라고 판단해도 좋다. 하지만 '깎고, 깎는, 깎도록, 깎으면'의 발음 원리 역시 '깎다'와 관련된다는 것을 알아야 한다. 그래야 우리의 실제 발음과 표기의 관계를 제대로 이해할 수 있다.

'⊇' 발음 빠져도 머릿속엔 '닭'뿐

맞춤법은 우리가 소리 내는 원리와 긴밀히 연관된다. 맞춤법을 제대로 이해하려면 자신이 일상에서 어떻게 소리 내는지를 확인하고 쓰는 원리를 이해해야 한다. 왜 이렇게 거창하게 시작하는가. 발음의 이해라는 것이 그리 만만하지만은 않기 때문이다. 비교적 쉬운 맞춤법인 '닭, 흙'을 보자. 이 단어들의 표기 원리는 쉽다. 이유를 묻는 것조차 조금 민망하다.

• 닭이[달기], 닭을[달글], 닭은[달근]

우리의 발음이 이 단어를 '닥(×)'이 아닌 '닭'으로 적도록 안내한다. 두 번째 음절의 첫소리 'ㄱ'은 앞말의 받침이다. 우리 머릿속 사전에 /닭/으로 실렸고 우리는 거기에 입각해 소리를 낸다.

그런데 그렇게 만만하기만 할까? 문장에 넣어 일상의 속도로 발음해 보자.

- 올해 먹은 닭이 백 마리는 된다.
- 너는 매일 닭을 먹느냐?
- 닭은 살찌지 않아요.

혹시 [다기(×)], [다글(×)], [다근(×)]이라고 소리 내지는 않는가? 이런 질문은 우리가 그렇게 소리 낼 수도 있다는 의미다.

좀 더 들어가자. 아래 문장의 밑줄 친 부분을 발음해 보자.

- 올해 먹은 <u>통닭</u>이 백 마리는 된다.
- 너는 매일 <u>통닭</u>을 먹느냐?
- <u>통닭</u>은 살찌지 않아요.

[통달기], [통달글], [통달근]이라고 발음하는가? 정말 그렇다면 표준 발음법을 정말 잘 배운 사람이다. 실제로는 [통다기(×)], [통다글(×)], [통다근(×)]으로 발음하는 사람이 훨씬 더 많다. 무슨 말을 하려는 것일까? 아래를 보고 특이점을 발견해 보자.

- 닭, 흙, 칡
- 갉다, 굵다, 긁다, 늙다, 낡다, 맑다, 밝다, 얽다, 옭다, 묽다

'ㄺ'으로 끝나는 명사가 동사, 형용사보다 현저히 수가 적다. 이것은 'ㄺ'에서만 한정되는 것이 아니다. 겹받침을 가진 명사는 겹받침을 가진 동사, 형용사보다 훨씬 적다. 원래 겹받침을

가졌던 말이 홑받침을 가진 말로 변화하는 속도가 명사가 훨씬 더 빠르기에 생긴 일이다. '닭은, 흙은, 칡은'과 같은 발음을 할 때 'ㄹ'을 탈락시킨 발음이 빈번한 것은 이런 변화가 반영된 것이다.

음절 말의 자음을 단순화하려는 언어 변화 과정이 반영된 것이다. 이런 변화는 첫째 음절이 아닐 때 훨씬 더 빨리 일어난다. '닭은'에서보다 '통닭은'에서 'ㄹ' 탈락 발음이 더 많이 일어나는 이유다. 중요한 것은 현재 우리가 '닭'을 소리 낼 때 'ㄹ'이 없어진 것처럼 발음하더라도 우리의 머릿속 사전은 여전히 /닭/이라는 것이다. 머릿속 사전의 변화 속도는 말의 변화보다 훨씬 늦다. 의미적 연관성을 유지하려는 속성 때문이다.

아주 먼먼 어느 날 우리 대부분이 '닭은'을 [다근]으로 발음하고 의미 전달에 문제가 없을 때가 돼서야 /닭/이 /닥/으로 변화될 것이다. 언제 그런 일이 일어날지는 알 수가 없다. 우리가 알 수 있는 것은 우리의 발음이 그 변화를 이끈다는 점이고, 그래서 우리의 발음이 때로 많이 복잡해진다는 점이다.

우리 글자 이름 '디귿'

 'ㄷ'으로 끝나는 명사를 생각해 보자. 금방 떠오르는가? ㄷ
받침을 가진 단어는 많다. '곧다, 굳다, 걷다, 닫다, 묻다, 곧(부
사), 숟가락' 등 언뜻 떠올려도 수십 가지는 된다. 하지만 'ㄷ'
으로 끝나는 명사는 거의 없다. 우리말의 역사 때문이다. 옛말
에는 'ㄷ'으로 끝나는 명사가 많았다. 하지만 모두 'ㅅ'으로 끝
나는 말로 변해 버렸다.

 이즈음에서 반례를 떠올려야 한다. 현대 국어에도 분명 'ㄷ'
으로 적어야 하는 명사가 있다. '디귿, 쌍디귿'이다. 질문이 이
어져야 한다. 'ㄷ'으로 끝나는 명사는 모두 'ㅅ'으로 바뀌었는
데 이들에만 'ㄷ'이 남았다니 이상하지 않은가? 정말 '디귿'에
'ㄷ'이 남았는지부터 확인해 보자.

• 디귿: 디귿이[디그시], 디귿을[디그슬], 디귿으로[디그스로], 디
귿에[디그세]

아무도 '디귿이, 디귿을'을 [디그디(×)], [디그들(×)]이라고

발음하지 않는다. 이상한 일이다. '꽃'을 '꽃'이라 적는 이유와
비교해 보자.

> • 꽃: 꽃을[꼬츨], 꽃으로[꼬츠로], 꽃이[꼬치], 꽃에[꼬체]

'꽃'에 'ㅊ'을 적는 것은 모음 조사를 연결하였을 때 나타나
는 'ㅊ' 때문이다. 우리말 표기의 대표적인 원리다. 그런데 '디
귿'에 모음 조사를 연결한 발음은 이런 원리에 어긋난다. '디귿
이[디그시], 디귿을[디그슬]'의 발음에서는 'ㅅ'만 확인될 뿐
이다.

여기서 앞서 우리가 했던 말을 환기해 보자. 옛말에 'ㄷ'으로
끝나는 명사들은 모두 'ㅅ'으로 끝나는 말로 바뀌었다고 하였
다. '디귿'이라는 말 역시 이러한 변화의 예외가 아니다. [디그
시]에서 발음 'ㅅ'은 이 단어가 일반적 언어 변화의 예외가 아
니라는 점을 분명히 보여 준다. 묘한 안도감이 든다. 어떤 단어
만이 특정 언어 변화를 피했다는 점은 오히려 기이한 일이다.
우리의 발음은 '디귿'이나 '쌍디귿' 역시 언어 변화에서 예외
적인 것이 아님을 말해 주질 않는가?

하지만 뒤따라오는 불안감을 무시할 수 없다. 우리의 발음은
언젠가 '디귿'을 '디긋(×)'으로 적어야 한다는 것을 보여 주는
것은 아닐까? 그렇지 않다. 아니 그러지 말아야 한다. 불안감
을 제대로 없애려면 좀 더 넓게 접근해야 한다. '디귿'은 글자
의 이름이다. 훈민정음의 글자 이름은 1527년《훈몽자회》라는
책에 처음 등장한다. 우리의 글자 이름에 든 원리는 우리가 '디

글'을 '디귿'으로 적어야 하는 이유를 보여 준다.

'디귿'이라는 표기처럼, 우리 문자의 모든 자음 이름 안에는 첫소리, 끝소리에 해당 문자가 들었다. 해당 자음을 첫소리와 끝소리에 모두 적을 수 있음을 반영한 것이다.

사실 첫소리와 끝소리가 같다는 이런 인식이 훈민정음 자음의 근본정신이다. 훈민정음 창제에 반영된 이런 현대 언어학적 음소 인식은 현대의 언어학자들을 놀라게 하는 과학성이기도 하다.

'디귿'이라는 이름에는 처음 우리 문자를 창제한 근본 원리가 들었다. 언어 변화로 발음이 달라진 지금에도 이름 짓던 당시의 근본 원리는 달라지지 않는다. 그런 이름이기에 우리는 '디귿'을 여전히 '디귿'이라고 적는 것이다.

물고기는 왜 '물꼬기'로 읽나

'물고기'와 '불고기'를 발음해 보자. 이상하지 않은가? 문장을 말하면서 다시 확인해 보자.

- 어제 물고기를 먹었다.
- 어제 불고기를 먹었다.

이렇게 문장에 넣어 말해야 단어의 실제 발음을 알 수 있다. 표준어나 맞춤법은 실제 발음을 토대로 정해지기에 이런 확인 방식에 익숙해지는 것이 좋다.

'불고기'는 [불고기]로, '물고기'는 [물꼬기]로 소리 난다. 똑같이 'ㄹ' 뒤인데 '물고기'에서만 된소리가 나다니 이상한 일이다. 어떤 사람은 자신이 [물고기(×)]로 발음한다고 생각할 수도 있다. 말 그대로 생각이다. 한국어를 모어로 하는 사람은 누구나 [물꼬기]와 [불고기]로 소리 낸다.

이런 소리 차이가 '물'과 '불' 때문에 생긴 일인가? 그런지 보려면 다른 증거를 확인해야 한다.

- 저 위로 물기둥이 솟았다.
- 저 위로 불기둥이 솟았다

  '물고기'와 '불고기'의 발음 차이가 '물'/'불' 자체에서 생기는 것은 아니다. [물끼둥], [불끼둥]에서는 모두 된소리 'ㄲ'이 나기 때문이다. 역시 [물기둥(×)]이나 [불기둥(×)]으로 발음한다고 생각할 수도 있다. 문자에 익숙해 생기는 착각이다. 문장 속 소리를 확인해 보자. 그래도 의심스럽다면 녹음해 들어 보는 것도 방법이다.

  중요한 것은 이렇게 소리 내야 한다고 정한 것이 아니라는 점이다. 교육 수준에 상관없이 누구나 [물꼬기/불고기], [물끼둥/불끼둥]이라고 발음한다. 이런 차이는 사실 단어 속 의미 관계 때문에 생긴 일이다. 의미와 발음의 관계를 정리해 보자.

단어	의미	'의' 관여	된소리
물고기	물의 고기	○	○
불고기	불로 구운 고기	×	×
물기둥	물의 기둥	○	○
불기둥	불의 기둥	○	○

  앞말과 뒷말의 관계가 '~의'일 때 뒷말에 된소리가 생긴다. 이런 원리 때문에 우리는 아래 단어들의 뒷말을 된소리로 발음한다.

- 문고리[문꼬리], 눈동자[눈똥자], 산새[산쌔], 길가[길까], 발바닥[발빠닥], 아침밥[아침빱], 잠자리[잠짜리], 강가[강까], 등

불[등뿔]

'불고기'를 된소리로 발음하지 않는 것도 같은 원리다. 그런데 어디선가 이 원리를 본 듯하지 않은가? 사이시옷의 표기 원칙을 기억해 보자. 'ㅅ'을 표기하는 것은 우리의 발음이 보여 주는 원리 때문이다. '물고기'의 발음은 이 원리가 'ㅅ'을 표기하지 않는 것에까지 확대되어 있음을 보여 준다.

'물고기'의 발음이 정말 'ㅅ'과 관련된 것일까? 증거를 보자.

• 믌고기(《분류두공부시언해》 제16권 제62장)

'물'과 '고기' 사이의 'ㅅ'을 보자. 'ㅅ'과 'ㄱ'의 연결은 된소리가 나게 한다. [물꼬기]의 발음이 'ㅅ'과 관련됨을 보여 주는 것이다. 더 신기한 일이 있다. 1481년의 문헌 속 표기는 500년도 더 된 말의 연결을 보여 준다. 그때 그 사람들도 [물꼬기]와 [불고기]를 구분해 소리 내었다는 점을 뚜렷하게. 까마득한 시간 속에서 그들과 우리가 같은 문법 원리에 따라 말하고 있음을 발견하는 신기한 순간이지 않은가.

사라진 'ㅎ'의 흔적

언어는 변한다. 재미있는 것은 변화의 흔적이 남아 옛 질서를 보인다는 것이다. 500년 전 발음을 현재 우리말에서 발견하는 것이다. 흔적은 원래의 것은 거의 사라졌다는 것을 말한다. 그러니 이와 관련된 맞춤법은 아주 예외적이고 복잡한 것들이 된다는 의미다. 예를 보자.

• 수컷, 암컷, 수키와, 암키와, 수퇘지, 암퇘지, 수탉, 암탉

모두 올바른 표기다. 이들 표기에 든 'ㅎ'을 알 수 있는가?

• 수ㅎ + 강아지 → ㅎ + ㄱ → ㅋ → 수캉아지
• 암ㅎ + 병아리 → ㅎ + ㅂ → ㅍ → 암평아리
• 수ㅎ + 돌쩌귀 → ㅎ + ㄷ → ㅌ → 수톨쩌귀

'수+강아지'가 '수캉아지'로 소리 나니 'ㅎ'이 들어간 것이다. 이것이 옛 언어의 흔적이다. 세종대왕 당시 언어에는

'수ㅎ'처럼 'ㅎ'을 가진 단어가 80여 개나 되었다. 오늘날 이 단어들은 더 이상 'ㅎ'을 갖지 않는다. 하지만 언어의 변화가 그리 만만하지 않다. 단어 속에 'ㅎ'의 흔적이 남아 발음으로 살아 있는 것이다.

- 안 + 밖 → ㅎ + ㅂ → ㅍ → 안팎
- 머리 + 가락 → ㅎ + ㄱ → ㅋ → 머리카락
- 살 + 고기 → ㅎ + ㄱ → ㅋ → 살코기
- 암 + 개 → ㅎ + ㄱ → ㅋ → 암캐

이 모든 것을 주재하는 것은 우리의 발음이다. '암+개'를 발음해 보자. 누구도 이 단어를 [암개(×)]로 발음하지 않는다. 실제 발음대로 적으면 된다는 의미다. 물론 우리는 'ㅎ'에 대한 규칙은 알지 못한다. 어원을 잃었다는 말이다. 맞춤법 원칙은 어원을 잃은 것은 소리 나는 대로 적도록 되어 있다. 그러니 이런 예들을 적는 일은 그리 어렵지 않다. 문제는 발음으로 알 수 없는 예들이다. '수'가 포함된 단어들을 더 보자.

- 수개미, 수소, 수사슴, 수거미, 수거위, 수제비, 수송아지, 수늑대, 수벌, 수범, 수할미새

우리 발음으로 'ㅎ'이 있는지 없는지가 분명하지 않다. 지금은 'ㅎ'이 사라졌으니 오히려 당연한 일이다. 그래서 아래의 규정을 만든 것이다.

수컷을 이르는 접두사는 '수-'로 통일한다. … 다만 … 접두사
다음에서 나는 거센소리를 인정한다.

— 표준어 규정 제1부 제2장 제1절 제7항

발음상 흔적이 분명한 예들은 표기에 반영하고 나머지는
'수'만을 적는다는 규정이다. 그러면 아래 예는 뭔가?

• 숫양, 숫염소, 숫쥐

우리말의 규칙은 하나가 아니다. 이 예들은 다른 규칙인 사
이시옷 규칙이 적용된 것을 인정한 표기다. 수 뒤에 'ㅅ' 삽입
을 인정한 것은 위 세 개가 유일한 예다. 왜 이렇게 복잡할까?
흔적에 대한 규칙은 복잡하고 예외적일 수밖에 없다. 과거 언
어의 질서가 사라지면서 남은 아주 예외적인 것들이니까. 이
복잡성들이 언어의 변화 결과로 생기는 당연한 것이라는 사실
을 아는 게 중요하다. 이런 예외는 현재 언어에서는 본질적인
것이 아니다. 그래서 예외만큼의 가치로 생각해야 한다.

더 맞춤법

'오너라'와 '가거라'

〈대장금〉 얘기를 해 보자. 15년이나 지났지만 이 드라마의 주제가까지 기억하는 사람이 아직도 많다. '오나라'와 '가나라'는 무엇일까? 명령으로 해석하기는 어렵다. 우리는 명령할 때 어떤 방식을 쓰는가?

- 어서 먹어라.
- 그만 좀 졸아라.
- 꼭 잡아라.

우리는 아랫사람에게 명령을 할 때 '-아라/어라'를 붙인다. 그게 규칙이다. 그게 규칙이라는 말은 불규칙도 있을 수 있다는 말이다. 위의 노래에 나온 '오다'와 '가다'가 불규칙적인 예들이다. '오다'로 아랫사람에게 명령할 때 우리는 '-너라'를 붙인다. 일반 법칙을 따르지 않기에 '-너라 불규칙 동사'라고 부른다. 그러니 '오나라'의 '나라'를 '-너라'로 보면 명령으로 해석하는 것이 가능하기는 하다. 문제는 '오나라'에 대한 설명을

'가나라'에 그대로 적용해도 되는가이다. 불가능하다. 우리는 '가다'라는 말로 명령할 때 어떻게 하는가?

- 조심해서 가거라.
- 어서 물러가거라.

'가다'는 '오다'와 다른 방식의 명령법을 가진다. 특이하게도 이 동사에는 '-거라'가 연결된다. 그래서 '-거라 불규칙 동사'로 불린다. 앞의 노래를 명령형으로 해석하려면 '오나(너)라, 가거라'의 짝이 맞추어져야 가능하다.

여기서 두 가지 질문이 나와야 한다. 첫 번째는 아래와 같은 반례가 있다는 것이다.

- 잘 가라.
- 어서 물러가라.

가능한 문장이다. 이는 '-너라 불규칙'인 '오다'도 마찬가지다.

- 어서 와라.

어떻게 된 일일까? 언어가 변할 때 불규칙한 형태들이 규칙적으로 바뀌려는 경향을 보이는 일이 많다. 거의 모든 동사가 명령형이 될 때 '-아라/어라'를 연결하는데 오로지 몇몇 동사만 다른 것이 오는 것은 불편한 일이 아닌가. 그래서 규칙적으

더 맞춤법

로 변하려는 움직임이 생긴다. 현재 《표준국어대사전》에서는 이 '-거라 불규칙 동사'를 '가다'로 제한한다. 이 말은 이전에는 '-거라 불규칙 동사'가 더 많았다는 의미다. 규칙적으로 변화하려는 동향을 받아들이면서 현재까지 우리의 인식에 남았다고 판단한 것이 '가다'라는 의미다. 이런 경향에 더하여 학교 문법에서는 이미 '-거라 불규칙 동사'를 규칙 동사가 된 것으로 처리한다. 규칙으로의 변화를 수용한 예다.

두 번째 질문은 아래와 같은 문장에 대한 것이다.

- 여기 앉거라.(×) → 앉아라
- 똑바로 서거라.(×) → 서라
- 잠자코 있거라.(×) → 있어라

위의 말들은 '-거라 불규칙 동사'인 '가다'의 방식으로 명령한 예들이다. 불규칙한 어떤 것이 규칙화되는 길을 걸을 때 흔히 일어나는 일이다. 누군가가 '가라'라는 표현이 잘못된 것이라는 것을 알았다고 쳐 보자. 잘못된 예를 고치다가 '-거라 불규칙'과 관련 없는 예에까지 확대 수정하는 일이 생기기도 한다. 불규칙 동사에 대한 인식이 희석된다는 증거다.

'웃프다'가 어긴 규칙

　'웃프다'는 '웃기면서도 슬프다'는 의미의 비표준어다. '웃다'의 '웃-'에 '슬프다'의 '-프다'를 연결한 것으로 젊은 층에서는 흔히 쓰이는 단어다. 공무원 시험에 출제됐는데 오답이 제법 많았다고 한다.

　간단히 넘어갈 문제는 아니다. '웃프다'는 이상한 말이다. 우리말은 '웃다'와 '슬프다'를 합쳐 새말을 만들 때 '웃프다'의 방식으로 만들지 않는다. '오다'와 '가다'를 합쳐 보자. '오가다'나 '오고 가다'다. 실제 의미가 든 부분을 뽑아 만드는 것이 우리말 단어를 만드는 규칙이다. 그래야 이전 단어의 의미를 새 단어로 옮길 수 있다. '-프다'에는 이런 의미가 들지 않았다. 단어는 혼자 존재하지 않는다. '웃프다'에 나타나는 관계를 다른 단어들에 적용할 수 있어야 우리말의 규칙이 된다. '웃프다'와 비슷한 형식을 가진 말을 떠올려 보자.

　• 슬프다, 아프다, 고프다

여기서 '-프다'는 뭘까? 어원을 보자.

- 앓다/곯다/슳다(옛말) + -ㅂ/브- → 아프다/고프다/슬프다
  (동사) → (형용사)

'슬프다'는 '슳다'(옛말)에 '-ㅂ/브-'가 붙은 말이다. '-ㅂ/브-'가 '-프다'가 된 것은 앞말 받침 'ㅎ'이 'ㅂ'과 합쳐져서다. '슳다'는 동사이고 '슬프다'는 형용사다. '-ㅂ/브-' 때문에 품사가 바뀐 것이다. '아프다, 고프다'에 같은 원리가 적용된 것에 주목하자. 이 '-ㅂ/브-'는 많은 형용사를 남기고 사라졌다. 더 이상 새말을 만들지 못한다는 의미다. 옛 질서를 적용한다 해도 '웃프다'는 '웃다'를 형용사로 바꿀 뿐 의미를 더하지 못한다. '웃음과 슬픔'을 모두 말하지 못한다. 결국 '웃프다'는 우리말의 단어를 만드는 규칙을 크게 위배하는 말이다. 하나의 단어 차원의 문제가 아니라 규칙에 관련된 문제라면 신중하게 접근해야 한다. 우리말 질서는 매우 중요하기 때문이다.

'의사'는 [의사], '희사'는 [히사]

아래 단어를 발음하면서 무엇을 논의할지 예측해 보자.

> • 무늬, 희망, 흰색, 유희, 희미하다

표기에 'ㅢ'를 갖는 단어들이다. 이를 모두 [ㅣ]로 발음하는 단어들이기도 하다. 우리는 '희망'을 [히망]이라고 발음한다. 표준 발음 역시 [히망]이다. 두 가지 의문이 생겨야 한다. 왜 'ㅢ'를 'ㅣ'로 발음하는 것일까? 또, 'ㅣ'로 발음하는데 왜 'ㅢ'로 표기하는 것일까?

첫 문제를 해결하려면 위 단어들의 'ㅢ' 앞에 자음이 놓였다는 점을 발견해야 한다. 아래 단어들과 비교해 보자.

> • 의미, 의의, 강의, 성의, 주의

'ㅢ' 앞에 자음이 없는 예들의 발음은 앞서 본 것들과 좀 다르다. 이들 'ㅢ'는 그대로 [ㅢ]로 소리 내는 경우도 많다. 특히 첫음절의 'ㅢ'는 [ㄴ]로 소리 내는 빈도가 훨씬 더 높다. 표준어도 우리 발음을 안다. 그래서 규칙에 그대로 반영한다. 정리해 보자.

① 자음을 가진 'ㅢ': [ㅣ]로 발음
② 자음이 없는 'ㅢ': [ㅢ]로 발음. 단 첫음절이 아닌 경우 [ㅣ]도 허용

발음 ①, ②의 이면을 보는 것이 더 중요하다. 'ㅢ'는 아주 약한 모음이다. 그래서 자주 'ㅡ'를 잃고 'ㅣ'로 소리가 난다. 자기 소리로만 내는 경우는 첫음절의 '의'뿐이다. 옛날부터 그랬을 리는 없다. 그러기에는 우리말에 'ㅢ'를 가진 단어가 너무 많다. 'ㅢ'가 이렇게까지 약해진 이유는 뭘까? 우리 문자가 그 실마리를 보여 준다. 아래 모음의 문자 모양을 눈여겨보자.

글자 모양	ㅔ	ㅐ	ㅚ	ㅟ	ㅢ
제자 원리	ㅓ + ㅣ	ㅏ + ㅣ	ㅗ + ㅣ	ㅜ + ㅣ	ㅡ + ㅣ

모두 뒤에 'ㅣ'가 들었다. 문자를 만들던 당시에 'ㅢ'가 'ㅔ, ㅐ, ㅚ, ㅟ'와 무리를 이루었음을 보이는 증거다. 훈민정음의 글자 모양에 소릿값이 과학적으로 반영된 점은 오늘날에도 칭송받는 사실이다. 간단히 말해 오늘날 [ɛ], [e]로 소리 나는 'ㅐ, ㅔ'가 세종대왕 당시에는 [ay], [əy]로 소리 나 이것이 문자 창제에 그대로 반영된 것이다.

자음이나 모음은 혼자 있는 것이 아니다. 긴밀한 체계를 이루고 서로 영향을 주는 관계에 있다. 옛날의 'ㅢ'는 'ㅔ, ㅐ, ㅚ, ㅟ'와 무리 지어 단단한 체계를 이루었다. 그러다 무리 안의 다른 친구들은 모두 다른 것으로 변해 버렸다. 'ㅢ'만 외로이 남은 것이다. 오늘날 'ㅢ'가 약해진 것은 이 때문이다. 무리 지었을 때 단단했던 관계가 동료들의 변화로 무너지기 시작한 것이다. 빈방에 홀로 남은 '의'가 쓸쓸히 약해지고 있는 이유다.

둘째 질문은 간단하다. 아직 'ㅢ'의 변화는 완료되지 않았다. 우리 머릿속 'ㅢ'는 여전히 'ㅢ'다. 표기는 그 머릿속 질서를 반영한 것이다. 오히려 다른 질문 하나가 더 중요하다. '나의'를 [나에]로 발음하는 것은 어떻게 된 것이냐고. 여기서 '의'는 실질적 의미가 없는 조사다. 의미가 없는 형식이 가장 빨리 변한다. 역시 규범에 반영되어 있다. 조사 '의'의 경우는 [에]로 발음하는 것을 허용한다고. 물론 우리의 머릿속 질서는 표기 그대로 '의'다.

'황당 맞춤법'을 쓰는 용기

인터넷에서 '황당 맞춤법'이나 '맞춤법 파괴 사례'를 검색해 보자. 신기한 예들을 발견할 수 있다.

• 실력이 '일치얼짱'하는 삶

경악할 일이다. '일치얼짱'이라니. 이런 식의 말들이 우리말을 파괴하는 것이라 생각하며 흥분할 수도 있다. 그러지 말자. 이 말은 우리말로 인정받은 말이 아니다. 우리말이 인정받지도 못한 몇몇 신기한 말들로 무너지는 그렇게 나약한 것일 리가 없다. 이런 말들에는 어떻게 접근해야 할까? 먼저 '일치얼짱'이라는 말을 중요한 논윗거리로 삼지 않아야 한다. 이 글을 읽는 사람들은 이 말을 써 본 일이 있는가? 거의 없다. 이 말을 써 본 적이 있는 몇 안 되는 사람들조차 중요 문서에 이런 말을 쓰지 않는다. 이런 단어들이 우리말에서 본질적인 것이 아니며 중요한 것도 아니라는 것을 보여 주는 태도다.

그럼 이런 단어들은 왜 만들어져 쓰일까? 우리는 주로 문자

메시지나 소셜 네트워크 서비스(SNS)에서 이런 말들을 발견한다. 처음에는 실수로 만들어졌을 수도 있다. 재미있다고 생각해서 다른 이에게 전달했을 수도 있다. 주목할 것이 이 말을 사용하는 사람들의 의도다. 그 의도는 '재미'인 것으로 보인다. 그러니 이런 말을 보면 한바탕 크게 웃고 그냥 무시해야 한다. 개그는 개그일 뿐 따라 하면 안 되니까.

이러한 태도로 접근해야 이상한 말이 더 이상 퍼지지 않는다. 어떤 말이 퍼지는 힘은 그 말을 사용하는 사람들에게 있다. 중요하지 않은 것에 흥분하는 일은 말의 확산 속도를 빠르게 할 뿐이다. 예상치 않은 교육적 효과로 활용할 수도 있다. 혹시 이 말의 원래 말인 '일취월장'이 금방 떠오르지 않는다면 얼른 그 단어를 확인해야 한다. 개그 덕분에 한자성어 하나를 공부하게 되니 좋은 일이다.

일취월장을 제대로 배우는 일은 '일치얼짱'에 흥분하는 일보다 생산적이다. 다른 한자성어를 배우는 데 도움을 주는 일이기도 하다. 단어의 구성을 보자. '일(日)'과 '월(月)'이 짝을 이루고 '취(就)'와 '장(將)'이 짝을 이룬다. '일월'이 묶여 시간적 배경을, '취'와 '장'이 묶여 '발전한다'는 의미를 강화한다. '하루가 다르게 발전함'이라는 의미가 이런 구조로 표현된 것이다. 단어가 어떤 구조를 가졌는지를 파악하는 일은 단어의 의미 이해에 도움을 준다. 다른 단어의 의미를 이해하는 데 도움을 준다는 의미다. 비슷한 구조를 가진 한자성어로 확인해 보자.

- 동분서주(東奔西走), 사통팔달(四通八達), 동가식서가숙(東家食西家宿)

이 단어들은 '일취월장'과 구성 원리가 같다. '일치얼짱'이라는 신기한 말 속에 있는 개그도 즐기고, '일취월장'이라는 한자성어도 확인하고, 한자성어의 구조도 배웠으니 나쁘지 않은 일이다. 물론 이 셋 중에서 우리에게 가장 중요하고 유용한 것은 세 번째다. 하나의 원리를 알아 아주 많은 다른 단어에 적용할 수 있는 힘. 이것이 우리말을 이해하는 방식이어야 한다.

교과서도 어려워하는 외래어 표기

'마요네즈'라는 표기가 어색한 사람들도 있다. '마요네에즈(×)'나 '마요네이즈(×)'가 더 익숙한 사람이다. 맞춤법을 잘 모르는 무식한 사람들도 아니다. 1980년대에 중등 교육 과정의 교과서에는 프랑스어인 마요네즈(mayonnaise)에 대한 표기가 그렇게 되어 있었다. 그러니 '마요네즈'라는 표기가 오히려 낯설 수밖에.

교과서 표기가 전면 개정될 만큼 외래어 표기법은 어렵다. 소리의 체계가 다른 말을 적는 일이다. 우리말 소리의 원리와 원어의 소리, 서로 다른 이들을 어떻게 조율해 적는가를 결정하려니 어려울 수밖에. 그래도 기본 원리는 있다. 실험해 보자. 아래에서 잘못된 표기를 골라 보자.

  • 생일에 케일만 주는 게 어디 있냐? 나는 비싼 테니스 라켙을 선물했었는데.

'케일'과 '라켙'은 모두 틀린 표기다. 먼저 '라켙(×)'은 라켓

(racket)이라 적는다. '라케트(×)'로 적어서도 안 된다. 원어의 말소리에서 너무 멀어진다. 이에 비하면 '라켙'은 원어의 소리에 가깝다. 'ㅌ'으로 원어에 있는 't' 소리를 밝힐 수 있어 더 좋은 표기로 보인다.

하지만 우리말의 발음은 그렇지 않다. 주격 조사 '이'를 연결해 읽어 보자. 누구든 [라케시]로 소리 낸다. 이 마지막 '시'의 'ㅅ' 소리 때문에 '라켓'이라 적어야 한다. 모음 조사를 연결했을 때 나타나는 소리를 받침에 밝혀 적는 것이 우리말 발음과 표기의 원리다. 모음이 연결될 때 뒤로 넘어가는 소리는 앞말의 원래 받침이다.

로봇(robot), 로켓(rocket) 역시 마찬가지다. 이들에 모음을 연결했을 때 'ㅅ'이 나타난다. 그래서 받침에 'ㅅ'을 밝혀 적는다. 이와 혼동될 수 있는 단어가 '케이크'다. 이 단어에 조사 '을'을 붙인 'cake을'을 읽어 보자. [케이글]이라고 읽히니 '케익(×)'이라 적어야 할 듯하다. 하지만 그렇지 않다. '케이크'라 적어야 한다.

왜 그럴까? 이 역시 원래 말의 발음과 관련된다. 원어 'cake'의 'a'의 발음을 사전에서 확인해 보라. '라켓'이 짧은 모음인 반면 '케이크'는 [eɪ]로 되어 있다. 이렇게 원어가 장음이거나 이중 모음인 경우에는 '케이크'처럼 마지막에 '으'를 첨가해 발음해야 한다. 그래야 원어의 발음보다 더 짧게 발음하는 문제가 해결된다.

비슷한 원리가 적용되는 예로 '플루트(flute)'가 있다. 이 악기 이름 역시 [플루시(×)]라고 발음할 수 있지만 '플룻(×)'이라 적지 않는다. 이 모음 역시 장음이다. '플루트'라 적고 [플루트가]라 말해야 한다. 그래야 원어의 발음에서 멀어지지 않는다. 외국어를 한글로 적는 것을 '외래어 표기법'이라 한다. 외래어 표기법은 원래 복잡하고 정말 어렵다. 모든 외래어 표기를 외울 수는 없는 일이다. 기본적인 원리만 기억해 두고, 필요할 때 국립국어원(korean.go.kr)의 '외래어 표기법'에서 해당 표기를 검색하는 것이 더 쉽고 편리하다. 이 '누리집'에서 '상담 사례 모음'을 검색하면 일반적인 오류도 확인할 수 있어 유용하다.

발음인가, 의미인가

- 텔레비젼/텔레비전
- 고쳐/고처

"텔레비전 고쳐요." 여기서 이상한 점이 없는가? 의문이 없어 보이는 데서 의문을 발견하는 것, 여기서 정확한 이해가 생기는 일이 많다. '텔레비전'의 '전'과 '고쳐요'의 '처'는 같은 원리로 발음되는데도 달리 표기해야 한다. 도대체 무슨 말일까? '텔레비전'의 표기 원리부터 살펴보자.

- 텔레비젼, 쥬스, 아마츄어, 비쥬얼, 스케쥴, 쵸크, 쵸콜릿, 벤쳐

모두 잘못된 표기다. 이를 수정하면 아래와 같다.

- 텔레비전, 주스, 아마추어, 비주얼, 스케줄, 초크, 초콜릿, 벤처

누군가는 올바른 표기가 더 어색할 수도 있다. 한 번쯤은 혼

동할 수 있는 표기라는 의미다. 'ㅑ, ㅕ, ㅛ, ㅠ'를 반영해야 원어와 더 가깝다고 느껴질 정도다. 그런데 왜 '쟈, 져, 죠, 쥬, 챠, 쳐, 쵸, 츄'가 아니라 '자, 저, 조, 주, 차, 처, 초, 추'로 적어야 한다는 것일까? 좀 더 간단히 요약해 보자. 'ㅈ, (ㅉ,) ㅊ' 뒤에 'ㅑ, ㅕ, ㅛ, ㅠ'를 적지 않는 이유가 무엇일까?

우리의 발음 때문이다. 현대 한국어를 사용하는 우리는 'ㅈ, ㅉ, ㅊ' 뒤에 'ㅑ, ㅕ, ㅛ, ㅠ'를 발음하지 못한다. '텔레비젼'이라 발음하지 못하고 '텔레비전'이라고만 발음한다는 의미다. 소리가 구분되지 않으니 이를 구분해 적을 필요가 없는 것이다. 이 말소리의 원리는 외래어에만 한정되지 않는다. 역시 현대 한국어를 사용하는 우리는 어떤 소리든 'ㅈ, ㅉ, ㅊ' 뒤에 'ㅑ, ㅕ, ㅛ, ㅠ'를 연결해 발음하지 못한다. 'ㅑ, ㅕ, ㅛ, ㅠ'를 'ㅏ, ㅓ, ㅗ, ㅜ'로 바꿔야만 'ㅈ, ㅉ, ㅊ' 뒤에서 소리를 낼 수 있는 것이다.

이제 맨 처음 질문으로 돌아가 보자. "텔레비전 고쳐요." '고쳐요'에서 이상한 점을 발견할 수 있는가? 말소리의 원리에 따른다면 '고쳐'는 '고처'로만 발음된다. 그렇게 발음해야 하는 것이 아니라 우리가 그렇게만 발음한다. 그런데 왜 '고처요(×)'라 적지 않는 것일까? 의미 때문이다. '고쳐요'는 '고치-'에 '-어요'가 붙은 말이다. 즉, '고치어'가 '고쳐'로 줄어든 것이다. 이를 소리 나는 대로 '고처요(×)'라고 적으면 '고치+어'의 의미가 제대로 반영되지 않는다. 아래 예들은 모두 같은 이유로 'ㅈ, ㅉ, ㅊ' 뒤에 'ㅕ'를 밝혀 적은 것들이다.

- 지- + -어 → 져[저]

- 가지- + -어 → 가져[가저]

- 다치- + -어 → 다쳐[다처]

- 마치- + -어 → 마쳐[마처]

- 찌- + -어 → 쪄[쩌]

　왜 'ㅈ, ㅉ, ㅊ' 뒤에 'ㅑ, ㅕ, ㅛ, ㅠ'가 연결되지 못할까? 이를 설명하는 것은 국어학자들의 몫이다. 우리에게 중요한 것은 따로 있다. 맞춤법 원리에 '우리의 실제 발음'과 '우리의 의미 구분'이 들어 있다는 점이다. 의미 구분을 위해 '고쳐'라 적지만 실제로는 '고처'라 발음하는 우리 스스로를 발견해야 '텔레비전'과 '고쳐'에 반영된 말의 원리와 표기의 원리를 제대로 이해할 수 있고 그 이해를 더 넓힐 수 있다.

'하필'이 '해필'이면 '고기'도 '괴기'

흔히 쓰는 말 중에 '하필'이 있다. 이 말과 관련된 맞춤법을 보자.

- 오늘같이 더운 날 하필 대청소라니.
- 왜 하필 접니까?

이 '하필'의 사용에 어려움을 느껴 본 일은 거의 없을 것이다. 관련 사항을 맞춤법에서 다룰 필요가 있을까 하는 생각이 들 정도다. 그러면 아래 문장을 보자.

- 오늘같이 더운 날 해필 대청소라니.
- 왜 해필 접니까?

역시 맞춤법상 오류가 없다. 구성 한자가 그 이유를 말해 준다.

- 하필: 어찌 하(何), 반드시 필(必)

- 해필: 어찌 해(奚), 반드시 필(必)

'어찌 하(何)' 대신에 '어찌 해(奚)'를 사용한 '해필'이라는 단어도 있는 것이다. 대개 '하필'도 맞고, '해필'도 맞다고 외운다. 누군가 '해필'이 틀렸다고 말할 때 '해필'도 맞는 말이라고 반박하기도 한다. 여기서 잠깐 멈춰 보자. 누군가 '해필'이 틀렸다고 말하는 지점. 그들은 왜 '해필'이 틀렸다고 말하는 것일까? 아래의 관계들 때문이다.

- 구경(○)/귀경(×)
- 고기(○)/괴기(×)
- 지팡이(○)/지팽이(×)
- 아지랑이(○)/아지랭이(×)

여기서 음운 현상 하나를 배우자. 누구든 편하게 말하려는 경향이 있다. 말 안에 든 것들을 비슷한 모양으로 바꾸면 소리내기 편하다. 위의 단어들에는 모두 'ㅣ'가 들었다. 뒤에 'ㅣ' 모음이 있다는 것 때문에 앞 모음을 그와 비슷하게 소리 내려 할 수 있다. 이 현상 때문에 '구경'을 '귀경'으로, '고기'를 '괴기'로 발음하는 일이 생긴다. 방언에서 이런 말을 보는 것은 그리 어려운 일이 아니다. 언어학적으로 아주 흔한 일이다. '구경'에 'ㅣ'가 들었다는 말이 어색하다면 'ㅟ'는 'ㅜ'와 'ㅣ'를 한번에 말한 것이라는 점을 고려하면 된다.

표준어는 서울말(중앙 방언)을 대상으로 한다. 서울말에는 앞서 다룬 현상이 상대적으로 적게 일어난다. 그래서 이 현상을 표준어로 받아들이지 않는다. '귀경, 괴기, 지팽이, 아지랭이' 등이 잘못된 표기인 이유다.

이 현상을 '하필'과 '해필'에 적용해 보자. 세 가지 경우의 수가 생긴다.

① 하필(何必)

② 해필: 하필 → 해필(뒤의 'ㅣ' 때문에 'ㅏ'가 'ㅐ'가 됨)

③ 해필(奚必)

①과 ③은 맞춤법상 맞는 표기이지만 ②는 그렇지 않다. 누군가 ②의 방식으로 '해필'을 쓴다면 그것은 잘못된 것이라고 지적할 수 있어야 한다. 더구나 ③의 용법으로 '해필'을 쓰는 경우는 아주 드물다. '하필'도 맞고, '해필'도 맞다고 외우는 방식에서는 ①이 어떤 음운 현상으로 ②가 되는지에 대해서는 고려하지 못한다.

'하필'과 '해필'을 동일한 무게로 생각하기에 생기는 문제다. 하지만 '하필'과 '해필'은 무게가 다르다. 여기서 무게란 어떤 단어를 사용하는 양과 관련된다. 우리는 주로 '하필'을 쓴다. 그리고 때때로 '필'의 'ㅣ'의 영향으로 '해필'이라 말하려 하기도 한다. 이런 적용이 맞춤법에 어긋난다는 점을 분명히 아는 것은 중요하다. 이를 분명히 알아야 앞서 본 '구경, 지팡이'와 같은 단어들에서 일어나는 음운 현상이 확대 적용되는 것을 막을 수 있다.

'학여울'의 발음법

서울 지하철 3호선에는 '학여울'이라는 예쁜 이름의 역이 있다. 이를 어떻게 발음해야 하는 것일까? 문장 속 발음을 확인해 보자.

• 학여울역에서 만나기로 했어.

[하겨울]로 소리 낼 수도 있다. 앞말의 받침 'ㄱ'을 '여울'의 빈자리로 넘겨 소리 내면 [하겨울]이니까. 하지만 이는 표준 발음이 아니다. 왜 그런가? 단어는 혼자 존재하지 않는다. 유형을 이루어 비슷한 원리로 소리를 낸다. 그러니 제대로 원리를 알려면 같은 유형의 단어를 확인해 보아야 한다.

'꽃잎'이라는 단어를 보자. '꽃잎'과 '학여울'의 뒷말은 두 가지에서 닮아 있다. 첫째, '잎'이든, '여울'이든 모두 온전한 의미를 가졌다. '여울'은 '폭이 좁아 물살이 세게 흐르는 곳'을 의미하는 순우리말이다.

둘째, '잎'과 '여울'이 모두 'ㅣ'로 시작된다. 'ㅑ, ㅕ, ㅛ, ㅠ'

는 'ㅣㅏ, ㅣㅓ, ㅣㅗ, ㅣㅜ'를 한 번에 발음한 소리니 'ㅣ'로 시작한다 할 수 있다. 그래서 '꽃잎'의 발음은 '학여울'의 발음을 아는 데 도움을 준다. 우리는 어떤 경우도 '꽃잎'을 [꼬칩]이라 말하지 않는다. 'ㅊ'을 그대로 넘겨 발음하면 '잎'이라는 의미가 제대로 전달되지 않기 때문이다. '꽃'의 단독 소리인 [꼳]에서 'ㄷ'을 넘겨 [꼬딥]이라 말할 수도 있다. 이렇게 하면 의미의 손실은 더 작아지니까. 실제로 그런지는 문장 속에서 우리 발음으로 확인해야 안다.

> • 꽃잎을 따서 책갈피에 넣었어.

여기서 우리는 [꼬딥]이라 하지 않고 [꼰닙]이라 소리 낸다. 원래 없었던 'ㄴ' 소리가 생겼다는 점에 주목하자. 앞말의 받침을 이동시키지 않고 뒷말에 'ㄴ'을 넣어 소리 내는 것이다. 이것이 뒷말이 'ㅣ'로 시작하고 의미를 가진 단어들의 발음 원리다. 외우고 있지 않은데도 우리는 자연스럽게 이 원리에 따라 소리 낸다. 우리의 머릿속 규칙이 가진 힘이다.

이 원리를 '학여울'에 적용해 보자. 'ㅣ'로 시작하는 말이니 'ㄱ'이 빈자리로 넘어가기 전에 'ㄴ'이 덧난다. 이때 생긴 'ㄴ' 때문에 '학'의 'ㄱ'이 'ㅇ'으로 바뀌는 일이 생긴다. 'ㄴ'은 코에서 나는 소리이니 'ㄱ' 위치에서 콧소리로 바뀐 것이다.

이것이 '학여울'의 표준 발음이 [항녀울]인 이유다. 이렇게 발음하라고 정한 것이 아니라 우리가 발음하는 원리로 표준 발음을 아는 것이다. 물론 이런 질문도 가능하다. 이런 복잡한

더 맞춤법

것을 굳이 알아야 하는가? 몰라도 된다. 하지만 우리가 알든 모르든, 우리는 이 원리로 소리 내고 있다. 그러니 표준어나 맞춤법의 원리를 이해하고 싶다면 우리의 입이 어떤 행동을 하는지 알아야 한다. 아래 단어들을 보자.

• 솜이불[솜니불], 밤윷[밤뉻], 콩엿[콩녇], 담요[담뇨], 색연필[생년필], 직행열차[지캥녈차], 늑막염[능망념], 남존여비[남존녀비], 신여성[신녀성], 내복약[내봉냑]

뒷말이 모두 의미를 가진 것들이고 'ㅣ'로 시작하는 것들이다. 앞서 우리가 본 발음 원리 하나로 이렇게 많은 단어의 발음을 한꺼번에 아는 것이 가능해진다. 그것이 우리가 스스로의 원리를 이해하는 방식이 갖는 힘이다. '육이오, 삼일절'은 이 원리를 적용할 환경이지만 [융니오(×)], [삼닐쩔(×)]이 원래 의미에서 더 멀어지므로 'ㄴ'을 첨가하지 않는다는 점도 곁들여 알아 두자.

맥락이 안내하는 발음

• 게으름의 대가

이 말을 어떻게 발음할까? [대까]로 소리 난다 생각하는 사람이 있을 수 있다. 아래 맥락에서 '대가'를 파악한 사람이다.

• 게으름에는 대가가 있게 마련이다.

여기서 '대가(代價)[대까]'는 '결과를 얻기 위해 하는 노력이나 희생'의 의미다. 주로 '대가를 치르다'처럼 쓰이는 말이다. 하지만 다르게 발음되는 '대가'도 있다. 앞서 본 것과 다른 맥락에서는 [대가]로도 소리 낼 수 있다는 말이다. 물론 뜻은 달라진다.

《미루기의 천재들》이라는 제목의 책이 있다. 이름 그대로 어떤 일을 미루는 사람들의 이야기이다. 그렇다면 이런 예문이 가능해진다.

- 《미루기의 천재들》이라는 책 속에는 게으름의 대가들이 대거 등장한다.

여기서 '게으름의 대가'는 자연스럽게 [대가]로 발음된다. '전문 분야에서 뛰어나 권위를 인정받는 사람'을 지시하는 말인 '대가(大家)[대가]'다. 여기서 질문이 생겨야 한다. 소리가 다른 이 두 단어를 모두 '대가'로 적으니 혼동된다고. 하나는 '댓가(×)'로 다른 하나는 '대가'로 구분해 적어야 하는 것이 아니냐고.

우리 맞춤법은 그렇지 않다. 한자어와 한자어 사이에 'ㅅ'을 허용하는 예는 아래 여섯 항목뿐이다.

- 숫자, 횟수, 셋방, 곳간, 툇간, 찻간

이렇게 한정 짓지 않으면 표기법상으로 더 많은 복잡성이 생겨나기에 생긴 규정이다.

우리에게는 '대가'로 적는가 '댓가(×)'로 적는가보다 더 중요한 사안이 있다. 앞서 '대가'의 발음을 혼동했던 것은 이 단어가 쓰인 맥락을 몰랐기 때문이다. '대가'를 더 큰 언어 단위인 문장에 넣었을 때 우리는 맥락으로 [대가]와 [대까]의 발음을 자연스럽게 구분할 수 있었다. 맞춤법을 단어를 넘는 관계의 문제로 보아야 한다는 것을 다시 확인하는 순간이다.

2장

형태에 속지 말자
동사의 기본형을 몰라서 틀리는 말

'날으는' 새는 없다

우리 머릿속에는 국어의 규칙들이 들어 있다. 맞춤법에는 머릿속의 그 규칙이 반영된다. 그러니 맞춤법을 제대로 이해하려면 우리 안의 규칙을 발견하는 것이 더 좋다. 그럼, 어떻게 우리 안의 규칙을 이해한다는 것일까?

'나는 새를 본다.' 이 문장에 맞춤법이 틀린 곳이 있는가? 당연히 없다. 문제는 의미다. 이 문장만으로는 '내가 새를 본다'는 것인지 '날아가는 새를 본다'는 것인지 알 수 없다. 그렇다면 아주 이상한 맞춤법이질 않은가. '나는 새를 본다 / 날으는 새를 본다'로 구분해 적으면 이런 문제가 생기지 않을 것 아닌가. 그럼에도 불구하고 맞춤법에서는 '나는'을 '날으는'으로 정하지 않는다. 왜 그런가?

맞춤법은 우리 머릿속 규칙들을 반영한다 하였다. 그 규칙은 우리가 실제 어떻게 말하는가와 관련되어 있다. 우리 머릿속에 있는 규칙은 일반적 원칙이다. 하나의 단어에만 적용되는 것은 규칙이 아니다. 우리가 어떻게 말하는가와 일반적 규칙이라는 이 두 가지는 왜 '날으는'을 맞춤법으로 정하지 않는지를 제대로 말해 준다. '나는'이 의미상으로 혼동될 수 있으니 '날으는'으로 적어야 구분이 쉽다는 것은 '날다'와만 관련된 것이다. 이런 것은 규칙이 아니다. '날다'와 같은 모양을 갖는 단어들에 일반적으로 적용될 수 있어야 규칙이다.

그렇다면 '날다'와 비슷한 모양을 갖는 단어들을 우리는 어떻게 말하는가? '날다'에서 의미가 들어 있는 것은 '날-'이다. 이 '날-'로만 쓸 수 없기 때문에 편의상 '-다'를 붙여 놓은 것이다. '날다'처럼 'ㄹ'로 끝나는 동사들을 떠올려 보자.

> • 갈다, 걸다, 굴다, 널다, 놀다, 돌다, 알다, 얼다, 울다, 풀다, 밀다, 살다, 말다, 빌다, 벌다…

국어에는 'ㄹ로 끝나는 동사'들이 정말 많다. 일단 이 단어들에 '-는'을 붙여 보라. 우리가 어떻게 말하는지를 확인하는 작업이다. 거기서 우리의 말하기에 적용된 규칙을 찾아보자.

> • 가는, 거는, 구는, 너는, 노는, 도는, 아는, 어는, 우는, 푸는, 미는, 사는, 마는, 비는, 버는…

우리는 어떤 경우에도 '갈으는, 걸으는, 굴으는, 널으는, 놀으는, 돌으는, 알으는, 얼으는…'이라 말하지 않는다. 우리 머릿속 규칙 때문에 생기는 일이다. 우리 머릿속에는 'ㄹ로 끝나는 동사'가 '-는'과 만날 때 'ㄹ'을 탈락시키는 규칙이 들었다. 우리는 자신도 모르게 이 규칙을 적용하여 말하는 것이다. 우리의 말하기 결과물들은 이 규칙을 보여 준다. 그리고 이 규칙은 왜 우리가 '날다'만을 위해 '날으는'을 허용하지 않는지를 알 수 있게 한다. 이 특수한 하나를 위해 일반적 규칙을 위배하는 법칙을 만들 수는 없으므로.

중요한 것은 맞춤법 때문에 '가는, 거는, 구는'이라고 말하는 것이 아니라는 점이다. 우리 모두 그렇게 말하기 때문에 '가는, 거는, 구는'이 맞춤법으로 규정된 것이고 '나는' 역시 이런 규칙에 따라 맞춤법이 규정된 것이다. 자신의 말을 살펴야 맞춤법을 제대로 알 수 있다.

편하게 발음하려다가 덧붙이는 'ㄹ'

밑줄 친 부분 중 올바른 표기는 어떤 것일까?

① 버틸려고 애쓰지 마.

② 그러다 혼날려고 그러지.

③ 잡을려고 해 봤자 소용없다.

④ 답을 떠올릴려고 노력했어.

⑤ 문제를 풀려고 애를 썼어.

답은 ⑤다. '버틸려고, 혼날려고, 잡을려고, 떠올릴려고'는 '버티려고, 혼나려고, 잡으려고, 떠올리려고'로 적어야 하는 것들이다. 혹 약간이라도 어려웠다면, 기본형을 잡는 것으로 해결할 수 있다. '버틸려고'로 실험해 보자.

기본형은 '버티다'이다. 여기에 '-려고'를 붙였다. '공부하려고 했다'처럼 의도를 표현할 때 우리가 흔히 사용하는 것이 '-려고'다. '버티-'에 '-려고'를 붙였으니 당연히 '버티려고'가 되어야 한다. 여기에 'ㄹ'을 덧붙여 적은 것이 잘못된 것이다. '혼나다, 잡다, 떠올리다'도 모두 그렇다. 여기에 'ㄹ'을 덧붙여 쓸 이유가 없는 것이다. '풀다'는 원래 'ㄹ'로 끝나는 말이니 '-려고' 앞에 'ㄹ'이 있는 것은 당연하다.

하지만 정작 궁금해해야 하는 것은 갑자기 이런 질문을 왜 하는가이다. '버틸려고'같이 'ㄹ'을 덧붙이는 표기가 흔히 나타나기 때문이다. 잘못된 'ㄹ' 표기 중 어떤 예는 점점 더 익숙해지는 것도 있다. '떠날려고(×)'와 같은 표기를 만나는 일은 그리 낯설지 않다. 'ㄹ'을 덧붙여 적는 현상이 늘고 있다는 증거다. 도대체 왜 이런 일이 생기는 걸까?

무엇인가의 질서를 찾으려면 공통점에 주목해야 한다. 위 예들의 공통점은 무엇인가? 이들은 모두 '-려고'와 결합하고 있다. 이 'ㄹ' 때문에 'ㄹ'이 덧난 것이다. 뒤에 'ㄹ'이 없는데 'ㄹ'을 덧쓰는 경우는 거의 없다. 예를 들어 '버티다'에 '-니'를 붙여 보자. 이것을 '버틸니(×)'라 발음하거나 적는 경우가 있겠는가?

여기서 질문이 나와야 한다. 아래 예들은 뒤에 'ㄹ'이 없는데도 'ㄹ'이 덧났다고.

- 뭐든 있어야 버틸 텐데.
- 어떻게 버틸지 걱정이다.

멋진 질문이다. 이런 질문들이 문법에 대한 이해를 탄탄하게 한다. 위의 문장 속 'ㄹ'은 모두 제대로 쓰인 것으로 '버틸려고'와는 다른 것이다. '버티-'가 명사를 꾸민다면 어떻게 되어야 할까? '버틸 재간, 버틸 능력'에서처럼 '-ㄹ'이 필요하다. '터'는 의존 명사다. 그래서 이 '터'를 꾸미기 위해 'ㄹ'을 적은 것이다. 두 번째 문장에서 '버틸지'는 '버티-'에 '-ㄹ지'가 붙은 것이다. '무슨 말을 할지'의 '하-'에 붙은 '-ㄹ지'와 같은 것이다.

'버티려고'를 '버틸려고'로 잘못 적는 예들이 우리에게 가르쳐 주는 것은 무엇일까? 같은 소리를 함께 내면 발음이 편해진다. 그래서 비슷한 소리가 덧나는 일은 제법 흔한 일이다. 평소 '버틸려고'와 같은 표기가 'ㄹ'을 덧붙여 발음하는 습관이 잘못된 표기에 반영되었다는 의미다. 발음을 정확히 알아야 맞춤법을 지킬 수 있다는 점을 제대로 보여 주는 예이다. 맞춤법 총칙의 첫 번째 부분이 표준어를 소리 나는 대로 적는 것이었다는 점을 기억하자. 말의 원칙을 알아야 표기의 원칙을 이해할 수 있다는 의미다.

'불은' 라면이 계속 '붇는다'

아래에서 맞춤법에 알맞은 표기를 딱 하나만 찾아보자.

① 강물이 불고 있는 상황이다.

② 퉁퉁 분 라면이 오히려 맛있다.

③ 국수가 불기 전에 건져라.

④ 면이 불어 터졌다.

딱 하나가 아니라 모두 맞다고 생각하는 사람이 있을 수도 있다. 밑줄 친 단어들의 기본형을 '불다'라고 생각하기에 생긴 일이다. ①, ③, ④에서 모두 '불-'이 확인되고 ②의 '분'도 '불다'라는 'ㄹ'로 끝나는 어간이 'ㄴ'을 만나면 'ㄹ'이 탈락한다는 원리로 설명이 되기는 한다.

컴퓨터도 ①~④의 표기를 모두 맞는 것으로 인식하여 오류를 표시하지 못한다. 재미있는 일이다. 실제는 그렇지 않으니까. ①~④에서 올바른 표기는 ④번뿐이다. ①, ②, ③이 모두 잘못된 표기라는 말이다.

왜 그럴까? 위에 보인 예들의 기본형은 '붇다'이다. 그래서 ①, ②, ③은 아래와 같이 수정하여야 한다.

> ① 강물이 붇고 있는 상황이다.
> ② 퉁퉁 불은 라면이 오히려 맛있다.
> ③ 국수가 붇기 전에 건져라.

'붇다'라는 단어는 모음 앞에서는 'ㄷ'이 'ㄹ'로 바뀌는 불규칙 동사다. '붇고, 불어, 불은, 붇기'로 변하는 단어인 것이다. 복잡하다고 여길 수 있다. 그렇지 않다. 이런 식의 변화는 우리에게 아주 익숙한 것이다.

> • 잘 듣고 들은 대로 적으시오.
> • 저 친구가 묻고자 하는 게 무엇인지 물어봐라.

우리는 이들 문장 속 단어의 기본형이 '듣다, 묻다'임을 잘 안다. 그리고 이들이 '들은, 물어'로 바뀌는 것이 전혀 어색하지 않다. 불규칙 동사이지만 일일이 외우지 않아도 자동적으로 잘 구별해 발음하고 그대로 적는 것이다.

'붇다' 역시 이런 종류의 단어 중 하나다. 같은 원리의 동사인 '싣다'와 함께 보자.

> • 물이 붇기 전에 건너라. 불으면 위험하니까.
> • 짐을 싣기 편한 데 차를 댔으니 짐을 실어 봅시다.

여기서 질문이 하나 나와야 한다. '듣고'와 '들은', '묻고'와 '물은'은 쉬운데, '붇고'와 '불은'은 왜 그렇게 어려운가? 언어는 불규칙한 요소들은 자꾸 규칙적으로 바꾸려는 경향을 보인다 한다. '라면이 불은'의 '붇다'가 그런 경향을 나타내는 예들 중 하나라 할 수 있다. 그런 변화가 이 단어의 기본형을 '불다'로 생각하는 사람들이 점점 더 많아지게 하는 것이다. '물이 붇다'라는 표현을 사용할 상황이 줄어든 것도 변화를 촉진하는 요인이 되기도 한다.

현재는 그런 변화가 언어 규범에 반영할 정도로 진행된 것이 아니다. 혼동 자체가 문제는 아니다. 언어의 변화로 생기는 일이므로. 하지만 공식적인 상황에서 이런 단어를 사용하려면 확인하여 발음하거나 표기해야 하는 시점인 것이다.

더 쓸 데 없는 연습장은 '쓸데없다'

'쓸데없다'의 띄어쓰기에 의문을 품어 본 일이 있는가? "쓸데없는 소리", "쓸데없이 그런 일을 하다니"…. 익숙한 표현들로 붙여 적는 것이 올바른 표기다. 그런데 '쓸 데 없다'로 띄어 쓰는 경우도 있다는 점에 유의해야 한다. 물론 뜻은 달라진다. 어떻게, 왜 달라질까?

이 문제를 풀려면 이 단어를 좀 더 들여다보아야 한다. 이 단어는 '쓰+ㄹ+데+없다'가 합쳐져 만들어졌다. '쓸'은 기본형 '쓰다'의 '쓰–'에 '–ㄹ'이 붙은 말이므로 구분한 것이다. 그러면 기본형 '쓰다'의 의미는 뭘까? 간단치 않다. 국어에는 '쓰다'가 여러 개 있다.

① 글자를 쓰다

② 모자를 쓰다

③ 맛이 쓰다

④ 도구나 수단을 쓰다(이용하다)

더 맞춤법

①~④의 '쓰다'는 동음이의어다. 발음은 같지만 의미는 다른 말인 것이다. 여기서 질문이 나와야 한다. 단어 '쓸데없다' 안의 '쓰다'는 ①~④ 모두에 해당하는 것일까? 그렇지 않다. 일단 ④의 '쓰다'의 의미인 경우는 붙여 적는다. 단어의 의미 속에 이유가 있다.

우리는 '소용없다, 불필요하다'라 말하고 싶을 때 '쓸데없다'를 쓴다. 그 의미가 '아무런 쓸모나 득이 될 것이 없다'는 것이니까. 한자어로 표현한다면 '유용하지 않다'는 의미다. '유용'이라는 단어 안의 '용(用)'은 ④의 '쓰다'의 의미에 포함된 '이용, 소용'의 '용(用)'과 통한다. 이런 의미로 쓰이는 '쓸데없다'가 관용구로 굳어져 붙여 적는 것이다.

그러면 띄어 적는 '쓸 데 없다'의 예를 보자. 우리가 상대적으로 자주 만나는 '쓸 데 없다'는 ①의 의미일 때다. 예를 보자.

- 한 줄도 더 쓸 데 없이 빽빽하게 적었다.
- 더 이상 쓸 데 없이 꽉 차게 판서를 했다.

이 예문의 '데'는 모두 '곳'이나 '부분'으로 바꿔 쓸 수 있다. '데'의 의미가 분명하게 구분된다는 뜻이다. 여기서 이런 질문이 가능하다. ④의 '쓰다'도 '데'의 의미가 분명히 구분된다면 띄어 쓸 수 있는가? 멋진 질문이다. 드문 경우이지만 ④의 의미라도 명확히 '쓸 곳이 없다'일 때는 띄어 적어야 한다.

결국 이 '쓸데없다'를 띄어 적을지 말지의 문제는 이들이 합쳐져 하나의 단어가 되었는지 그렇지 않은지의 문제다. '데'가

'곳'이나 '부분'의 의미를 가졌는지를 확인하는 것은 '쓰+ㄹ+데+없다'가 합쳐지지 않았음을 확인하는 절차다.

'쓸데없다'가 하나의 단어가 되었다는 것과 관련된 다른 문제를 보자. 아래 예문은 올바른 문장일까?

- 그래 봐야 아무 쓸데없다.(×)

컴퓨터의 맞춤법 검사조차 이 문장의 오류를 잡아내질 못한다. 어디가 왜 틀린 것일까? '아무'가 문장에서 어떤 역할을 하는지를 보아야 문제를 풀 수 있다.

- 아무 데나 앉아라.

'아무'는 원래 '명사'를 꾸미는 말이어서 '아무 데'처럼 꾸며 줄 명사와 함께 나타나야 한다. 여기서 '아무 쓸데없다'가 틀린 이유를 알 수 있다. '아무'가 꾸며 줄 명사가 없질 않은가. '쓸데없다'에 들어 있는 '데'를 꾸밀 수는 없는 노릇이다. 이 '데'는 다른 것과 합쳐져 더 이상 명사가 아닌 새로운 것이 되어 버렸다. 합쳐져 새로운 단어가 된다는 것은 이런 의미다.

원말이 사라진 '아무튼'

'아무튼'과 '어떻든'을 보자. 단어들은 서로 관계를 맺고 있기에 그 관계를 보아야 맞춤법을 제대로 알 수 있다 하였다. 그 관계를 고려한다면 이 둘의 표기는 좀 이상하다. '아무튼, 어떠튼(×)'으로 적든, '아뭏든(×), 어떻든'으로 적어야 원리가 일치하는 것이 아닐까?

마지막에 붙은 '-든'은 선택을 표현하는 말이다. '-든'의 앞부분에 주목하면서 이들의 표기 원리를 살펴보기로 하자.

① 아무튼/여하튼 ← 아무하든/여하(如何)하든

② 어떻든/이렇든/저렇든/그렇든 ← 어떠하든/이러하든/저러하든/그러하든

①, ②는 모두 '하다'와 관련된다. '아무하다', '어떠하다'의 '-하다'에서 'ㅏ'가 탈락하고 'ㅎ'이 남은 것이다. 그런데 ①의 '아무튼'에서는 이 'ㅎ'과 뒤의 '-든'의 'ㄷ'을 축약해 'ㅌ'으로 적어야 하고 ②의 '어떻든'에서는 'ㅎ'을 앞 음절에 남겨 표기

해야 한다. 차이를 알려면 '어떠하다'와 '어떻다'의 관계를 보아야 한다.

> • 어떠하다/어떠하더라도/어떠하고/어떠하지 → 어떻다/어떻더라도/어떻고/어떻지

우리는 '어떠하다'의 준말 '어떻다'를 일상에서 흔히 사용한다. 살아 있는 말이라는 의미다. 우리가 흔히 사용하는 말은 '어떻-+-든'으로 구분해 의미를 밝혀 적는 것이 원칙이다. '이렇다, 저렇다, 그렇다'도 마찬가지다. 'ㅎ'을 밝혀 적는 것이 의미 파악에 유용하다. '이렇고, 저렇고, 어떻고'와 '이렇든, 저렇든, 어떻든'의 연관 관계로 의미 파악이 훨씬 쉽다.

> • 아무하다/아무하더라도 → 아뭏다(×)/아뭏더라도(×)
> • 여하하다/여하하더라도 → 여핳다(×)/여핳더라도(×)

'아뭏다, 여핳다'라는 단어를 들어 본 일이 있는가. 실은 '여하하다'나 '아무하다'라는 원말 자체도 현실에서 거의 쓰지 않는다. 유독 '여하튼'이나 '아무튼'은 우리가 꽤 많이 사용하는 단어로 남았을 뿐이다. '여핳다(×)'나 '아뭏다(×)'라는 말이 쓰이지 않는데 이 단어들에 'ㅎ'을 받침으로 남겨 '여핳든(×), 아뭏든(×)'이라 적는다 해 보자. 의미 파악에 오히려 도움이 되지 않는다. 그래서 이 단어들의 표기에 'ㅎ'을 받침으로 남기지 않고 소리 나는 대로 '여하튼'이나 '아무튼'이라고 표기하

는 것이다. 한글 맞춤법의 제1항을 다시 기억해 보자.

> 한글 맞춤법은 표준어를 <u>소리대로 적되</u>(㉮), <u>어법에 맞도록</u>
> (㉯) 함을 원칙으로 한다.

‘어떻든’은 ㉯의 원칙을 직접적으로 반영한 것이고, ‘아무튼’은 ㉮의 원칙을 반영한 것이다. 우리는 ‘어떻든’이라고 적어도 [어떠튼]이라고 말한다. 이 ‘말소리’와 ‘어법’의 관계가 우리의 머릿속에 들어 있다. 이 말소리와 어법의 관계를 반영한 것이 ‘어떻든’의 표기다.

일관성이 없어 보이는 '얽히고설키다'

• 얽히고설킨 실타래

• 미로처럼 얽히고설킨 비탈길

• 얽히고설킨 인연

모두 올바른 표기다. 이상한 점을 발견할 수 있는가? 익숙한 데서 문제를 발견할 수 있어야 보다 깊은 사고를 할 수 있다. 가장 먼저 떠오르는 것은 띄어쓰기일 것이다. '얽히고설킨' 사이를 띄어 써야 한다고 생각할 수 있다. 어떤 측면에서 멋진 질문이다. 이 단어를 '얽히다'와 '설키다'로 구분해 내어야 또 다른 질문에 접근할 수 있다. 일단 '얽히다'와 '설키다'로 구분하여 둘을 비교해 보자. '얽히다'는 [얼키다]로 발음된다. 우리말의 'ㅎ'은 'ㄱ, ㄷ, ㅂ, ㅈ'을 만나면 'ㅋ, ㅌ, ㅍ, ㅊ'으로 축약된다. 'ㅎ'이 앞에 오든 뒤에 오든 마찬가지다.

• 입학[이팍], 국화[구콰], 박히다[바키다], 읽히다[일키다], 놓고 [노코], 낳다[나타], 많고[만코], 않다[안타]

이 지점에서 '얽히다'와 '설키다'를 보자. 이상한 점이 없는가? 이 둘은 표기상의 일관성을 지키지 않는다. 앞의 '얽히다'의 표기 원리에 따른다면 '설키다'도 '섥히다'라 적어야 한다.

'얽히고'의 '얽+히+고'를 구분해 적었으니 그 질서에 따라 '섥+히+고'로 적어야 일관된 일이다. 거꾸로 '설키다'처럼 '얽히다'도 '얼키다'로 적어야 하는 게 아닐까?

여기서 우리는 맞춤법의 기본 원리 두 가지를 만날 수 있다. 먼저 띄어쓰기의 원리를 보자. 단어는 붙여 적고 조사는 앞말에 붙여 적는다. '얽히고설킨'으로 붙여 적어야 한다는 것은 이 말이 하나의 단어라는 의미다.

- 어차피 얽힌 인연.(○)
- 어차피 설킨 인연.(×)
- 어차피 얽히고설킨 인연.(○)

현재 우리말에는 '설키다'라는 말이 없다. '얽히다'가 갖는 복잡함을 강조하고자 할 때 쓰이는 '얽히고설키다'라는 단어 속에서만 나타날 뿐이다. 각각의 단어로 분리될 수 없으니 당연히 하나의 단어이고 띄어 쓰지 못하는 것이다. 그렇다면 '얽히고섥힌(×)'이나 '얼키고설킨(×)'으로 적지 않고 '얽히고설킨'으로 적는 이유는 뭘까? 이럴 때는 둘의 차이에 주목하는 것이 좋다. '얽히다'를 보자.

- 밧줄로 얽어서 묶었다. → 얽다

• 밧줄로 얽힌 짐을 들었다. → 얽히다

　현재 우리는 일상적으로 '얽다'와 '얽히다'라는 말을 사용한다. 둘 모두 살아 있는 단어라는 의미다. 이런 경우에는 뜻을 밝혀 적어야 단어 간 의미 관계를 명확히 보일 수 있다. 맞춤법 원리 중 어법을 밝혀 적는 것과 관련된 부분이다. '얼키다(×)'로 적으면 '얽다'와 의미적 연관성이 끊어진다.

　'설키다'는 이와 다르다. 일단 '섥다'라는 단어가 살아 있지 않다. '섥키다'조차 단독으로는 쓰이는 일 없이 단어 속에만 남아 있다. 이미 사라진 단어이기에 '섥-'을 밝혀 적는다 해도 의미를 분명히 하는 데 도움이 되지 않는다. 어원에서 멀어진 형태나 어원이 무엇인지 분명하지 않은 경우 소리 나는 대로 적는 것이 맞춤법 원리다.

두 번 잊히면 '잊혀질까'

　1980년대에 나온 〈잊혀진 계절〉이라는 대중가요가 있다. 이 노래의 제목에 등장하는 '잊혀진'이라는 말이 친숙하다. 하지만 맞춤법상 잘못된 표기다. '잊힌'으로 적어야 맞다. 여기서 이상하다는 생각을 해야 한다. 뉴스 기사에서조차 '잊혀진, 잊혀지고, 잊혀지지'와 같은 표기를 자주 보게 되니 말이다.

　맞춤법은 우리의 말로부터 출발한다고 했다. '잊혀진'이 우리에게 더 익숙하다면 그것이 맞춤법으로 채택되어야 하는 것이 아닌가? 일리 있는 문제 제기다. 그런데 더 살펴보아야 할 말의 규칙이 있다. 우리는 우리 안의 규칙을 활용해 말을 한다. 그 규칙을 확인해 보자. 먼저 '잊혀지다'라는 단어가 있을까? 없다면 이 말은 어떻게 만들어진 것일까? 단어를 뜯어보자.

　'잊혀지다'에서 '잊다'를 찾는 것은 쉬운 일이다. 이 '잊-'에 '무엇인가를 기억하지 못하다'라는 의미가 들었다. 여기에 '-히-'가 붙었다. '잊다'와 '잊히다'는 어떻게 다른가? 여기에 우리의 규칙이 들어 있다. 우리는 '-히-'를 포함한 단어를 사용하여 무엇이 달라지게 하는 것일까? 비슷한 관계를 갖는 단어들을 떠올려 보자.

- 먹다 → 먹히다 / 막다 → 막히다 / 긁다 → 긁히다 / 닫다 →
  닫히다 / 묻다 → 묻히다 / 밟다 → 밟히다

'-히-'가 들었을 때와 그렇지 않을 때 무엇이 달라지는가를
보자. 이 차이 역시 실제 문장으로 확인된다.

- 호랑이가 쥐를 먹었다. → 쥐가 호랑이에게 먹혔다.

'먹다'는 주어가 '먹는 행위'를 한다. 하지만 '먹히다'의 주어
는 먹는 행위의 대상이 된다. 이렇게 다른 힘에 의해 당하는 일
을 '피동'이라 한다. 어려운 말이 나왔다고 긴장하지 말자. '피
동'의 '피(被)'는 '피해자'의 '피'와 같은 한자로 '당하다'의 의
미를 갖는다. 단어 속의 '-히-'는 당한다는 의미를 추가한다는
말이다. '잊다'와 '잊히다'도 마찬가지다. '다른 힘에 의해 잊음
을 당하는 것'이 '잊히다'의 의미인 것이다. 그렇다면 '잊혀지
다'에서 마지막 '-어지다'는 뭘까? '-어지다'가 붙은 단어들을
보자.

- 막히다 = 막아지다 / 닫히다 = 닫아지다

'-어지다'는 '-히-'와 같은 행동을 한다. '막다, 닫다'를 피동
으로 만드는 역할을 하는 것이다. 이를 '잊다'와 '잊히다'의 관

82   더 맞춤법

게에 적용해 보자. '잊히다'는 이미 피동이다. 여기에 다시 피동의 의미인 '-어지다'를 더할 필요가 있는가. 그럴 이유가 없기에 '잊혀지다'가 잘못된 표기인 것이다.

여기서 질문이 나와야 한다. '맞히다' 안의 '-히-'와 오늘 본 '먹히다'의 '-히-'의 관계다. 둘의 모양은 같지만, 의미는 다르다. '맞히다'의 '-히-'는 '~게 하다'의 의미이니까. 뭔가 복잡해 보일 수 있다. 걱정할 일은 아니다. 우리는 일상생활에서 이 두 '-히-'가 갖는 규칙을 제대로 활용해 말하고 있으니까.

없애도 말이 되는 '요', 뺄 수 없는 '오'

아래 문장의 잘못된 부분은 어딜까?

- 쓰레기를 버리지 마시요.(×)
- 쓰레기를 버리지 마시오.(○)

문장이 잘못된 이유는 간단하다. 우리는 '안녕하시-(×)'로 말을 끝내지 못한다. 문장을 끝내려면 무엇인가가 더 필요하다. 우리말 동사나 형용사로 문장을 끝내려면 종결 어미가 붙어야만 한다. 종결 어미인 '-오'를 붙여서 '안녕하시오(○)'라해야 비로소 말을 끝낼 수 있다.

비슷한 위치에 놓이는 '요'는 다르다. 아래 두 문장을 비교해 보자.

- 집에서 공부해.(○)
- 집에서 공부해요.(○)

'요'가 없어도 문장은 완성된다. 종결 어미가 아니라는 말이다. 두 번째 문장처럼 '요'가 붙는 경우 듣는 사람을 높이는 의미가 덧붙을 뿐이다. 즉 이 '요'는 존대의 의미를 더하는 보조사이다.

그런데 우리에게는 왠지 '버리지 마시요(×)'가 더 익숙한 듯하다. 왜 그럴까? 우리가 쓰는 말 안에 그 답이 있다. 일상에서 우리가 아래와 같이 말하는 경우가 얼마나 될까?

- 그렇게 된 것이오?
- 좀 쉬지 그러오.

특히 젊은 사람들이 이런 말을 쓰는 경우는 거의 없다. 종결어미 '-오'는 상대를 중급 정도 높이는 '하오'체에 쓰인다. 특히 격식적 상황에서 쓰이는 높임이다. 하지만 우리는 이 격식체 '하오'보다는 비격식체 '해요'를 더 많이 사용한다. '하오'체의 사용이 줄면서 이 종결 어미 '-오'에 대한 인식이 점점 약화되었다는 말이다. '해요'의 '요'와 혼동이 가중되는 것은 이런 경향 탓이다.

'높임'과 전혀 관련되지 않은 '-요'도 있다.

- 그것이 우리의 꿈이요, 인생이요, 지침이었다.

어떤 것을 나열할 때 쓰는 말이다. 앞서 본 것들과 의미상, 위치상 차이가 명확하기에 구분이 그리 어렵지는 않다. 다만

위의 것들과 서로 묶어서 접근하여야 더 거시적 맥락의 구분이 가능하다는 점은 기억해 두자.

3장

얼굴에 속지 말자
모양이 비슷해서 헷갈리는 말

매체 속

언어

'내로라'의 뿌리는 '내놓다'가 아니다

뉴스 자료에서조차 흔히 발견되는 오류를 확인해 보자.

- 내노라하는 주식 전문가
- 내노라 하는 유명 골퍼
- 내노라 하는 최정상 가수

밑줄 친 부분의 올바른 표기는 '내로라하는'이다. 여기서 몇 가지 궁금증이 생긴다. 이 단어의 의미는 뭘까? 바로 사전을 찾기보다는 문장에서 의미를 이끌어 내는 것이 더 좋은 방식이다. 제시된 예문에서 '어떤 분야를 대표할 만하다'라는 의미를 떠올릴 수 있다. 보다 더 직설적인 의미를 찾기 위해 무협 소설 속 장면으로 들어가 보자.

"여기서 검을 가장 잘 다루는 사람은 누구냐?"
"나다."

여기서 '나다'가 '내로라-'의 가장 쉬운 의미다. '내로라하다'를 뜯어보면 이것이 더 분명해진다. 우리말 '나'는 '-다'와 직접 연결될 수 없는 품사다. 우리말 '명사, 대명사, 수사'는 모두 그렇다. 대명사가 서술어가 되려면 '이다'와 만나야 한다. '이것이 그것이다'처럼. '이다'의 이름이 '서술격 조사'인 것은 이것이 붙어야 서술어의 자격이 생겨서다. '나다, 너다, 우리다'와 같은 표현은 '이-'가 생략된 것들일 뿐이다. 그래서 '내로라하다' 안의 '내'는 '나+이(서술격 조사)'이다. 그러면 '-로라'는 뭘까?

'내로라하다'에는 복잡한 문법이 들었지만 항상 한 덩어리로 쓰인다. 이렇게 한 덩어리로 취급되는 말들에는 과거의 문법이 녹아 있는 경우가 많다. 실제로 이 말에는 세종대왕 당시의 문법이 그대로 들어 있다. 현재 우리가 '나(이)다'라 말하는 것을 15세기에는 '내로라'라 했다는 의미다. 선학들은 여기에 관여한 '주격 일인칭'이나 선어말 어미 '-오/우-'와 같은 복잡한 문법을 밝혀냈다. 하지만 이런 것들은 국어학자들의 관심사다. 우리에게는 더 중요한 질문이 있다.

우리는 왜 '내노라하다'나 '내노라 하다'라 적고 싶을까? 오류가 자꾸 생기는 이유가 무엇인지를 묻는 것이다. 우리는 '내로라하다'의 '-로라'와 관련된 문법을 알지 못한다. 당시 사람이 아니니 당연하다.

하지만 우리는 문득문득 이 말이 어디서 왔을까를 궁금해한다. 이런 궁금증은 때때로 음성적으로 비슷한 말을 어원으로 착각하게 한다. '내노라하다(×)'도 그런 것들 중 하나다. '내로

더 맞춤법

라하다'의 어원을 '내놓다'로 보아 '놓다'의 'ㄴ'을 표기에 반영하는 것이다. 하지만 '내놓으려, 내놓아, 내놓아라'의 'ㅎ'은 발음되지 않는다. 그러니 이들 발음은 '내노라(×)'와 음성적으로 더 비슷해진다. 이런 생각은 원래 어원인 '나(이)다'와의 관계를 점점 더 멀어지게 한다. 오류 표현이 더 많아지는 이유다.

지금 우리가 쓰는 말의 어원을 인식하려는 생각은 긍정적인 것이다. 우리의 말에 대한 깊은 관심에서 생기는 일이니까. 하지만 그 인식의 범위를 조금 더 넓힐 필요는 있다. 음성적 유사성에만 머물지 말고 다양한 원리를 고려하라는 말이다. '내로라'의 '내'가 '나+ㅣ'라는 점은 우리의 현재 문법으로도 얼마든지 생각할 수 있다. 여러 가지 가능성을 고려한 열린 궁금증이 보다 더 의미 있는 언어생활을 만들 수 있다.

선택은 '-든지', 회상은 '-던지'

　구별하기 어려운 맞춤법을 물어보면 항상 등장하는 것이 '-든지'와 '-던지'이다. 실제로 문서에서 흔히 오류가 나타나는 것들이기도 하다. '하던지'와 '하든지'는 어떻게 구분해야 할까? 우리가 문법을 공부할 때는 주로 단어와 관련된 것들에 주목한다. 즉, 단어들을 구분하여 놓은 것인 품사에 관심을 갖는다.

　'-든지'와 '-던지'는 모두 품사가 아니기에 일상에서 쓸 때 그리 중요하지 않다고 지나치기가 십상이다. 하지만 국어 문법을 공부할 때 어미나 조사와 같은 것들에 주목해야 하는 경우가 더 많다. 국어는 어미나 조사가 발달한 언어이기 때문이다. '하든지, 하던지'에서 '하다'가 문장 속에서 어떤 역할을 하는가를 결정해 주는 것이 어미다. 그리고 '-든지'나 '-던지'는 이런 어미들의 일종이다.

　문장을 제대로 잘 표현하기 위해서는 이 어미 부분이 어떤 역할을 하는지 제대로 이해해야 한다는 의미다. 먼저 '-든지'를 보자. 이 말이 들어가면 어떤 의미가 될까? 단어가 어떤 의미인지를 알기 위해 문장 속에 넣어 확인하였듯이, '-든지'가 문장에 들어 있을 때 그 단어가 어떻게 해석되는가를 확인하면 된다.

> • 이것을 하든지 저것을 하든지 네 마음이다.
> = 이것을 하든 저것을 하든 네 마음이다.

'하다'에 이 '-든지'가 붙으면 '선택할 수 있음'의 의미가 나타난다. 이 '-든지'가 줄어든 말인 '-든'을 사용하여도 의미는 같다. '-든(지)' 자체가 '선택'이라는 의미를 가진다는 뜻이다. 그런데 이 '-든지'를 때때로 [던지]로 잘못 발음하는 경우가 많다. 이 발음 때문에 '-던지'와 혼동하는 것이다. 하지만 이 두 어미의 의미 차는 크다. 그러니 발음부터 명확히 구분해 두는 것이 좋다.

그럼 '-던지'는 뭘까? '-던지'는 '-든지'보다는 좀 더 복잡한 설명이 필요하다. 이 어미는 하나가 아니라 두 개가 합해진 것이다. '-던지'를 쪼개 보자. 이를 잘 이해하기 위해서도 예문을 만들어 보면 된다.

> • 그 집에서 누가 살았던지 기억합니까?

'-던지'는 '-더-'와 '-ㄴ지'라는 부분으로 나뉜다. 먼저 '-더-'가 어떻게 쓰이는지 문장으로 확인해 보자.

> • 전지현은 어렸을 때도 예뻤더라.

여기서 '-더-'는 과거의 의미를 갖는다. 과거의 사실을 현재로 옮겨 표현한다 하여 '회상 시제'라고 불리기도 하는 어미다. 국어 시제에서 다양하게 나타나는 중요한 어미이기도 하다. '-더-'가 들어 있는 어미들을 예로 들어 보자.

• -더라면, -던, -던가, -던걸, -던고, -던데, -던들

이 과거 회상 시제인 '-더-'에 확신이 없음을 표현하는 어미인 '-ㄴ지'가 붙은 것이 '-던지'다. '-던지/든지'를 명확히 구분하려면 이 '-더-'에 주목하면 된다. 자신이 쓰려는 문장이 '선택'에 관련된 것이라면 '-든지'를 사용해야지, '과거의 일을 회상'하는 데 쓰이는 '-더-'를 쓸 수 없다는 것으로 구분하는 것이다.

더 맞춤법

웃음 '띤' 밝은 얼굴이 눈에 '띈다'

'띄다'와 '띠다'를 혼동하는 사람이 많다. 어렵다고 절망할 일은 아니다. 맞춤법이 어렵다고 화를 낼 일은 더더욱 아니다. 이 단어들의 혼동에는 나름의 이유가 있으니까. 이 두 단어는 발음으로 구분하기 어렵다. 이중 모음 'ㅢ'의 변화 때문에 생긴 일이다.

현재 우리말의 'ㅢ'는 아주 약한 이중 모음이다. 앞에 자음이 있으면 'ㅡ'를 잃고 'ㅣ'로 발음되는 일이 아주 흔하다. 이 질서로 본다면 '띄다'와 '띠다'를 발음만으로 구분해 적는 일이 어렵다. 그래도 '띄다'와 '띠다'는 구분해서 적어야 한다. 그래야 의미 구분을 할 수 있다.

둘의 의미를 구분해 보자. 더 쉬운 것을 확인하고 보다 어려운 것을 구분하는 것도 좋은 방식이다. 훨씬 더 쉬운 '띠다'부터 보자. 이 단어의 쓰임은 비교적 명료하다.

- 중요한 사명을 띤다.
- 홍조를 띤 얼굴

용무, 직책, 사명 등과 어울려 '갖는다'의 의미로 쓰는 것과 색깔이나 감정, 기운 등이 어린다는 의미로 쓰는 것, 이 두 가지로 한정된다. 하지만 '띄다'는 이렇게 간결하지 않다.

'띄다'를 제대로 알려면 먼저 '뜨다'부터 보아야 한다. 그런데 '뜨다'는 생각보다 어려운 단어다. '뜨다'의 의미를 가진 우리말 단어는 실은 열 개가 넘는다. 모두 다른 단어다. 이 중 흔히 쓰이는 '띄다'에 관련된 것만 살펴보자.

- 아침에 눈을 뜨다.

가장 많이 쓰이는 '뜨다'다. 이 '뜨다'에 '-이-'가 붙어 생긴 말이 가장 흔히 쓰이는 '띄다'다.

- 뜨다: 스스로 눈을 여는 것
- 띄다(뜨 + 이 + 다): 다른 어떤 것에 의해 눈이 열리는 것

'뜨이다' 속에 든 '-이-'는 다른 것에 의해 당한다는 의미로 피동이라 한다. '피(被)'라는 한자가 '피해(被害)'의 '피' 자임을 알면 피동의 뜻을 사동과 구분할 수 있다. '뜨다'와 '뜨이다'는 스스로 하는가, 남에 의해서 생기는가의 차이를 보인다. 이 '뜨이다'의 준말이 '띄다'다. 이 '띄다'의 의미 자체는 '보이다'와 비슷하다. 확장되어 탁월함의 의미로 쓰이기도 한다.

- 글에 오타가 눈에 띈다. → 오타가 보인다

- 미모가 눈에 띈다. → 미모가 두드러진다, 탁월하다

  두 번째 볼 '뜨다'는 '간격이 벌어지다'의 의미를 갖는 전혀 다른 말이다. 이 '뜨다'에 '-이-'가 붙은 말 역시 '띄다'이다. 예를 보자.

- 간격이 뜬다.
- 간격을 띄어 써야 한다. → 뜨게 하여

  여기서 화가 나야 한다. 앞서 본 '띄다'는 피동사라 했다. 그런데 위의 '띄다'는 그런 의미가 아니다. 이 '띄다' 안에 든 'ㅣ'의 뜻이 다르기에 생기는 일이다. 이 'ㅣ'에는 '시키다'의 의미가 들었다. 국어에는 피동과 사동을 만드는 형태가 같은 일이 많다. 그래서 국어의 피동 사동은 좀 어렵다. '시킬 사(使)' 자를 써서 '사동'이라 한다. '피동(당하다, ~어지다) : 사동(시키다, ~게 하다)'으로 정리하여 필요할 때 예로 확인하는 것이 좋다.

'맛있다, 멋있다'가 두 가지로 발음되는 이유

• 정말 <u>맛있다</u>.
• 정말 <u>멋있다</u>.

밑줄 친 부분을 발음해 보자. [마신따], [머신따]다. 우리는 대부분 그렇게 발음한다. 이상하질 않은가? 무엇인가를 제대로 알려면 짝을 이루는 것들과 비교하는 것이 좋다. 아래 문장의 밑줄 친 부분의 발음과 비교해 보자.

• 정말 <u>맛없다</u>.
• 정말 <u>멋없다</u>.

이제 이상한 점을 발견할 수 있는가? '맛없다'와 '멋없다'는 [마덥따], [머덥따]로 소리 난다. 차이가 보이는가? '맛있다'와 '멋있다'의 발음에는 'ㅅ' 소리가 나지만 '맛없다'와 '멋없다'에는 'ㅅ'이 소리 나질 않는다. 어찌 된 일일까? 그 답을 논의하기 전에 먼저 짚을 것이 있다. 어떤 소리가 더 일반적일까? 어

더 맞춤법

떤 발음이 우리말 소리의 원칙을 따르는 것일까에 대한 질문이다. 이들은 두 가지 공통점을 가졌다. 첫째는 '단어'와 '단어'의 관계라는 것이고 다른 하나는 두 번째 단어가 모음으로 시작된다는 것이다. '있다'와 '없다' 모두 모음 앞이 빈 단어들이다.

이런 경우 우리는 어떤 원리로 발음할까? 비슷한 환경의 다른 단어들로 실험해 보자.

① 윗옷[위돋], 옷 안[오단]

'옷'이나 '안'은 모두 의미를 가진 단어들이다. 우리는 이런 경우 앞말의 받침인 'ㅅ'을 뒷말의 모음 앞 빈자리로 이어서 발음하질 않는다. '윗옷'이나 '옷 안'을 [위손]이나 [오산]으로 발음한다고 해 보자. 의미를 알아들을 수가 없게 된다. 그래서 '윗'이나 '옷'이 단독으로 발음될 때의 소리, 즉 [윋], [옫]으로 받침 'ㄷ'이 되어야만 뒤로 옮겨 발음할 수 있다. [위돋]이나 [오단]으로 소리가 나야 그 의미를 알 수 있다는 의미다. 원래 그래야 한다는 것이 아니라 우리가 그렇게 발음하고 있다는 것이다.

여기서 우리는 '맛없다, 멋없다'의 발음 원리를 아는 동시에 [마덥따], [머덥따]라는 소리가 더 일반적 원리임을 이해할 수 있다. 단독으로 소리 날 때의 'ㄷ'이 다음 음절의 첫소리로 이동하였다는 것을. 이 원리는 '옷 안'처럼 띄어 적는 단어일 때도 그대로 적용된다.

이제 두 가지 질문이 나와야 한다. 첫째 '맛있다, 멋있다'는

'맛없다'의 원리로 발음할 수는 없을까? 있다. '맛있다, 멋있다'는 [마딛따], [머딛따]로도 소리 낼 수 있다. 이 두 단어만이 우리말의 일반 발음 원리를 어긴다면 그것이 오히려 이상한 일이다. 그러면 자연스럽게 두 번째 질문이 이어진다. 왜 '맛있다, 멋있다'만이 뒷말에 'ㅅ' 소리가 날 수 있는 것일까?

대학 시절 노교수님의 현답을 그대로 전해 본다. 당시의 감동도 함께 전해지길 바라면서.

"하나는 '맛이 있다, 멋이 있다'의 준말이고, 다른 건 '맛있다, 멋있다'의 발음이다. 하나의 결과에 원인이 하나일 것이라고만 생각하지 마라."

'옷이[오시], 못이[모시]'의 발음을 보자. 의미 없는 말이 붙었을 때는 받침이 그대로 이어져 소리 나는 우리말의 또 다른 원리다. '맛있다, 멋있다'가 두 가지 소리를 가진 것은 앞서 본 일반 원리 ①이 적용된 것과, 흔히 쓰이다가 줄어서 굳어진 발음이 병존하기 때문이다.

정답을 '맞혔는지' 서로 답을 '맞추어' 보다

모양이 비슷해 적을 때마다 혼동되는 단어가 많다. 이들을 제대로 구분해 적는 법은 없을까? 이들은 일부러 묶어서 생각해야 한다. 표기가 비슷하다면 이유가 있다. 그 이유를 찾는 것이 먼저다. 묶어서 생각하여야 명확한 차이를 보기도 쉽다. 실제로 혼동되는 단어들 중 하나인 '맞히다'와 '맞추다'에 적용해 보자. 공통부분을 찾아보자. 모두 '맞다'를 가졌다. 이 단어들이 '맞다'라는 의미와 연관된다는 뜻이다. 공통부분을 빼 보자. '-히-'와 '-추-'가 남는다. '맞다', '맞추다', '맞히다'의 차이는 이 '-히-'와 '-추-' 때문에 생겼겠다. 이들이 어떤 차이를 이끌었을까? 이들 단어가 들어간 문장을 떠올릴 순서다. 자신에게 익숙한 예문을 생각하여야 이 단어를 정확히 이해할 수 있다.

• 입을 맞추다 / 양복을 맞추다 / 줄을 맞추다

이들은 어떤 공통점을 가졌는가? '맞추다'를 이해하기 위한 과정이다. '맞추다'는 두 개 이상의 사물이 있을 때 사용되는 말이다. '양복을 맞추다'는 양복을 사람의 체형에 맞게 하는 일이다. '입을 맞추다'도 두 개의 입이 필요하다. '줄' 역시 이를 맞추려면 대상이 필요하다. 원래 '맞추다' 자체에 '둘 이상의 일정한 대상들을 비교해 살피다'라는 의미가 들어 있다. 하지만 굳이 사전을 찾지 않더라도 자신에게 익숙한 예문을 떠올리고 공통점을 찾고 차이점을 비교하는 활동으로 단어의 의미를 이해할 수 있다.

그렇다면 '맞히다'는 어떨까? 역시 자주 쓰는 예문을 보자.

- 바람을 맞히다 / 정답을 맞히다

'맞히다'에 든 '-히-'는 아래 단어들의 '-히-'와 같다. 모두 우리가 흔히 쓰는 단어들이다.

- 읽히다, 입히다, 익히다, 눕히다, 식히다, 앉히다, 밝히다, 굽히다, 더럽히다, 간지럽히다

이들 '-히-'는 어떤 의미일까? 이들 '-히-'는 '~게 하다'의 의미를 갖는다. '읽히다'는 '읽게 하다'이고, '입히다'는 '입게 하다'이다. 원 단어에 '-히-'를 넣으면 그런 의미가 생긴다.

'맞히다' 역시 마찬가지다. '바람을 맞히다'는 '바람을 맞게 하다'의 의미다. 사실 '정답을 맞히다'는 '내가 문제의 정답을 맞게 한 것'이다. 신기한 것은 우리가 '~게 하다'의 의미인지를

더 맞춤법

명확히 모르면서도 일상에서 '바람을 맞히다, 정답을 맞히다'와 같은 문장을 훌륭하게 쓴다는 것이다.

왜 비슷한 단어들이 만들어져 우리를 혼동시키는 것일까? 새 단어를 만드는 좋은 방법은 이미 있는 단어에 무엇인가를 덧붙이는 것이다. 그래야 이전 단어의 의미를 반영할 수 있다. '맞추다, 맞히다'에도 좋은 점이 있다. 표기에 이미 '맞다'와 의미적 연관성을 지닌다는 것을 알게 되니까. 또 그리 어려워만 할 일은 아니다. 우리가 일상에서 쓰는 문장을 활용하는 능력으로 그 의미를 알 수 있으니까.

이제 질문이 하나 나와야 한다. 국어의 모든 '-히-'가 '~게 하다'의 의미일까? 멋진 질문이다. 안타깝게도 다른 '-히-'도 있다. 우리는 그 다른 '-히-'에 대해서도 배울 것이다. '맞히다'에 든 '-히-'와의 공통점과 차이점을 생각하면서 말이다.

시간적 의미를 획득한 '머지않아'

　신문 기사에서 뽑은 문장들의 일부다. 모두 맞춤법 오류가 포함돼 있다. '머지 않아'다.

- 수소발전소 실용화 머지 않아
- 머지 않아 팀의 주요 뉴스 될 것
- 중력파 천문 관측 머지 않아
- 머지 않아 만날 수 있을 것

　어떻게 수정하는 것이 올바른 표기일까? 일단 이들은 '머지 않아'로 띄어 적을 수는 없다. 왜 그럴까? 관련된 쉬운 예문을 생각해 보자. 내가 잘 알고 있는 것 안에서 맞춤법의 원리를 발견하기 위한 절차다. 아래 예문에서 띄어 적은 '않아'가 어떤 일을 하는가 보자.

- 음식을 먹지 않아 몸이 약해졌다.

'않아'는 '먹다'를 부정하는 역할을 한다. '않아'는 앞선 단어를 부정한다. 그것이 우리말의 일반 원리다. 이를 '머지 않아'에 적용해 보자. '않아'가 '머지'를 부정하는가? 그렇지 않다. 국어에는 '머다'라는 말이 없다. 앞말을 부정하지 않는 '않아'는 앞말에서 분리할 수 없다. 분리되지 않으므로 '머지않아' 자체가 하나의 단어다. 하나의 단어는 항상 붙여 적어야 한다. 그래서 '머지않다'는 하나의 단어이며 '머지않아'는 아래처럼 문장에서 나타난다.

- 머지않아, 머지않고, 머지않으니, 머지않더라도, 머지않으니, 머지않아서, 머지않으면

어떤 경우도 띄어 적을 수 없다. 그러면 모든 '머지 않아'를 '머지않아'로 붙여 적으면 되는 일일까? 그리 간단하지는 않다. '멀지 않아'도 있다. '머지않아'와 '멀지 않아'는 모두 맞춤법에 맞는 표현이다. 그래서 맥락에 따라서 구분해 적어야 한다. '멀다'라는 단어는 우리에게 아주 쉬운 단어다.

- 그 건물은 여기서 그렇게 멀지 않아.

이 문장에서 '않다'는 '멀다'를 부정한다. '않다'의 일반 원리를 따르는 것이다. 그러니 '머지않아'와 달리 띄어 적어야 한다. 그렇다면 '머지않다'에서 온 '머지않아'와 '멀다'와 '않다'에서 온 '멀지 않아'는 전혀 관계가 없는 것일까? 그렇지 않다.

이 관계 때문에 맞춤법 오류가 생기는 것이다. '머지않다'의 사전적 의미는 '시간적으로 멀지 않다'이다. '머지않다'가 원래 '멀다'로부터 온 것임을 알 수 있다. 그런데 왜 '머지않다'가 된 것일까?

'멀다'는 '거리가 떨어져 있다'는 의미다. 즉, '공간적 거리'를 가리킬 때 쓰는 말이다. '머지않다'의 의미를 '공간적 거리'와 대조되게 짝 맞춰 보자. '시간적 거리'라는 말을 떠올릴 수 있는가? 원래 '멀지 않다'는 공간적 거리를 가리키는 말이다. 여기서 시간적 거리라는 새로운 의미를 가진 단어가 분리되어 나와 독립한 것이 '머지않다'인 것이다. 새로이 하나의 단어가 되었으니 붙여 적는 것이다. 또 어원에서 멀어졌으니 소리 나는 대로 적는 것이다. 이것이 중요한 맞춤법 원리들이다.

못이 '박이면' 불편, '박히면' 큰일

① 손바닥에 못이 박혔다.
② 손바닥에 못이 박이다.

이 두 문장 중 ①이 쓰인 상황을 상상해 보자. 아주 심각하다. '손바닥에 못이 박혔다'는 말 그대로 '못이 손바닥에 박혔다'는 의미다. 그런데 우리는 이 문장이 이상하지 않다. ②의 뜻으로 생각하기 때문이다.

②에서 '못'은 진짜 못이 아니다. '못이 박이다' 자체가 '굳은살이 생기다'의 의미다. 규범적으로 '박이다'와 '박히다'는 제대로 구분해 써야 한다는 의미다. 그 구분을 위해 '박다'와 '박히다'의 관계부터 보자.

• 벽에 못을 박다.
• 쐐기를 박다.

'박다'의 가장 일반적인 의미가 반영된 것들이다. 이 '박다'

에 '-히-'가 든 단어가 '박히다'다. 국어 단어에 '-히-'가 들어가면 아래와 같이 의미가 달라진다.

> ① 먹다: 먹히다 → 먹음을 당하다(피동)
> ② 입다: 입히다 → 입도록 시키다(사동)

'-히-'는 ①처럼 '당함'의 의미를 만들기도 하고 ②처럼 '시킴'의 의미를 만들기도 한다. '박히다'의 '-히-'가 ①이라는 것은 아래 문장으로 간단히 확인할 수 있다.

> • 벽에 박힌 못이 너무 많다. 빼자.

못의 입장에서 보면 망치에 의해 박음을 당한 것이다. '박이다'는 좀 다르다. '손바닥에 박힌 못'은 뺄 수 있지만 '손바닥에 박인 못'은 빼내기가 쉽지 않다. 어원적으로 연관될 가능성은 높지만 별개의 단어로 취급할 만큼 멀어졌다. 그럼 아래 문장에서 어떤 것이 올바른 표기일까?

> • 귀에 못이 박히다.(○)
> • 귀에 못이 박이다.(×)

여기서 '못'은 굳은살은 아니다. 그렇다고 귀에 못이 진짜 박히는 것도 아니다. 고민이 깊을 수밖에 없다. 국어학자들의 해석도 복잡하다. 어떤 사전에서는 '귀에 박히다'로, 어떤 사전에서는 '귀에 박이다'로 표기되어 있다. 우리가 혼란스러운 것이 당연하다. 언어는 계속 변한다. 규범을 결정하는 순간이 그 변화의 중간인 경우도 많다. 이럴 때는 어떤 것이 더 자연스러운지를 선택해야 한다.

《표준국어대사전》의 선택은 '귀에 박히다'다. 왜 그럴까? 우리의 발음 때문이다. '귀에 못이 박혔다'를 빠르게 발음해 보자. 우리는 [바켠따]처럼 'ㅋ'을 소리 낸다. [바견따(×)]라 발음하는 사람이 없는 것은 아니지만 현대의 우리는 'ㅋ' 소리를 내는 경우가 월등히 많다. 이를 반영한 것이 '귀에 못이 박히다'다. '귀에 못이 박히다'를 비유적 의미의 관용구로 생각하고 이를 규범으로 정한 것이다.

여기서 또 화가 나야 한다. '손에 못이 박혔다'도 [바켠따]로 소리 내질 않는가? 그렇게 생각할 수 있다. 실제로 그렇게 소리 내는 사람이 많으니까. 하지만 이 경우에는 '못이 박혔다'라는 단어가 갖는 '굳은살이 생김'이라는 의미가 분명하다. 어떤 학자는 '손에 박인 못'과 실제 못의 의미 차이가 크다고 보기도 한다. 그 분명한 의미 차이가 원어에서 멀어졌음을 보이는 근거가 되는 것이다.

이 자리를 빌어? 빌려?

우리가 사용하는 말은 계속 변한다. 변화하는 언어의 단면을 잘라 만든 것이 규범이다. 변화 중인 언어를 반영하다 보니 규범을 만드는 일이 쉬울 리가 없다. 두 개의 단어를 표준어로 정하기도 하고, 이전에 표준어였던 것을 달리 수정하는 경우도 많다. 어떤 단어들은 없애기도 하고, 새로 생긴 말을 반영하기도 한다.

그래서 맞춤법에 대한 불만도 많다. 맞춤법이 일관성 없게 변화된다고 화를 내는 사람들이 생긴다. 규범이 바뀌면 더 복잡해진다고 느끼는 건 당연한 일이다. 문서를 다루는 일을 해서 맞춤법에 민감하다면 더 화가 날 수도 있다. 정책의 일관성을 지켜야 한다고 항의할 만한 일일 수도 있다. 중요한 부분은 맞춤법이 달라지게 하는 힘은 우리가 쓰는 말에서 온다는 점이다. 우리가 쓰는 말이 실제 언어이고, 규범은 이를 토대로 만들어진다.

• 이 자리를 (빌어/빌려) 감사의 말을 전한다.

괄호 속에 알맞은 말은 '빌려'다. 그런데 '빌어'로 생각하는 사람이 의외로 많다. 왜 그런가? 잠깐 과거로 돌아가 보자.

> "그즈음 아버지가 부산 감옥소에 갇혀 버리자 <u>빌어</u> 살던 방 한 칸마저 쫓겨나 길바닥에 나앉게 된 우리 식구를 자기 움막에 같이 살게 해 주었다."
>
> ― 김원일, 《노을》(문학과지성사, 1978)

1978년에 발행된 소설의 한 구절에는 같은 상황에 '빌어'를 쓰고 있다. 당시의 맞춤법은 그랬다. '빌다'와 '빌리다'를 영어의 'borrow'와 'lend'로 구분해 '빌다'는 남에게 얻는 것, '빌리다'는 남에게 주는 것이라 규정했다.

그런데 현재 우리는 어떤가? 남에게 빌려 오는 것과 빌려주는 것을 달리 쓰는가? 정당한 대가를 치르고 남의 것을 쓰는 것을 '빌다'라는 용어로 말하는 것은 어쩐지 구차하다. 실제로 언어를 사용하는 우리 자체가 이런 상황에서 '빌어'라는 말을 쓰지 않는다. 이런 생각이 맞춤법 수정에 영향을 미쳤다. 그래서 현재 우리가 쓰는 '빌다'는 아래처럼 정리된다. 이 말이 어떤 단어와 함께 쓰이는가를 봐야 한다. 그래야 진짜 언어를 배울 수 있다.

- 잘못을 빌다 → 사죄하다
- 소원 성취를 빌다 → 기도하다
- 양식을 빌다 → 구걸하다

언어 정책을 주도하는 국립국어원 누리집에는 정말 많은 사람들이 다녀간다. 묻고 답하기 게시판에만도 엄청난 인원이 맞춤법에 대해 말한다. 정책의 일관성을 촉구하는 글도 올라오고, 어떤 말이 잘못 지정되었다는 견해도 올라온다. 우리가 무엇을 어려워하고 무엇을 혼동하고 있는지도 확인할 수 있다.

우리 국어에 대해 갑론을박할 수 있는 장이 있다는 것은 긍정적인 일이다. 언어는 변화하고 그 변화에 따라 맞춤법을 수정하는 방식에는 견해가 다를 수밖에 없다. 내가 말하는 것과 남이 말하는 것이 정확하게 같은지 알 수 없는 경우도 많다. 그럼에도 불구하고 우리는 우리의 언어로 소통하며 산다. 그 소통이 올바르려면 우리의 언어에 대해 더 잘 알아야 한다. 우리의 규범에 대한 이런 관심은 적어도 열린 마음으로 그 소통의 장에 접근한다는 증거이니 분명 기쁜 일이다.

'사단'을 쓰면 사달 난다

기사 내용 중 일부다. 잘못된 부분을 발견할 수 있는가?

- 벌써 <u>사단</u>(×)이 나도 났을 것.
- 입소문으로 이런 <u>사단</u>(×)이 났다.

'사단이 났다' 같은 표현이 익숙할 수 있다. 하지만 이 말을 사건이나 사고가 발생했다는 의미로 썼다면 잘못이다. 제대로 표현되었을 때의 사단의 의미를 살펴보자.

① 사단(事端): 일의 실마리
② 사단(四端): 사람의 본성 네 가지
③ 사단(師團): 군대 편제의 하나

이들은 모두 한자어이다. 한자어 어휘를 정확하게 익히고 싶다면 이와 관련된 어휘를 생각하는 것이 좋다. 그래야 어휘가 풍부해진다. '사'가 들어 있는 가장 익숙한 한자어를 생각해 보자.

- 사건(事件), 사례(事例), 사무(事務), 사전(事前)
- 사촌(四寸), 사방(四方), 사군자(四君子), 사계(四季)

우리말에는 '사'를 포함한 한자어가 많다. 이들 중 우리에게 익숙한 말이 ①에 포함되어 있는 '일 사(事)'와 ②에 포함되어 있는 '넉 사(四)'이다. 그렇다면 ①, ②에 모두 포함되어 있는 '단'은 어떤 의미일까? 역시 '단'을 포함하고 있는 자신이 쓰고 있는 한자어를 떠올려 보자.

- 단서(端緒), 단초(端初), 단말기(端末機), 단오(端午)

①, ②에 들어 있는 '단'이라는 말은 위에 들어 있는 한자와 같은 말이다. 그래서 ①의 사단은 일의 실마리의 의미를 갖는다. ②번 역시 같은 '단' 자가 쓰인 것으로 고등학교 윤리 교과서에 나오는 말이다. 사람이 본성적으로 가진 네 가지 덕목이라는 의미다. ③은 군대 용어다. 우리에게 생각보다 익숙한 용어이다. 가족 중 누군가는 군대를 다녀왔고 누군가는 군 면회를 다녀 본 경험이 있을 테니까.

중요한 것은 ①, ②, ③ 어떤 것에도 '사고나 탈'의 의미가 들어 있지 않다는 것. 그러니 '사단'을 '사고, 문제나 탈'의 의미로 쓸 수 없다. 그런데도 우리는 왜 '사단'을 '사고나 탈'의 의미로 쓰는 것일까? 실제로 '사고나 탈'의 의미를 가진 비슷한 단어가 있기 때문이다. '사달'이라는 말이다.

- 벌써 사달(○)이 나도 났을 것.
- 입소문으로 이런 사달(○)이 났다.

앞의 문장에서 '사단'을 '사달'로 고쳐야 올바른 표현이 된다. 이를 '사단'으로 잘못 쓰는 일이 많음을 기억해 두자. 그런 인식 자체가 잘못된 표현을 줄이는 경우가 많다.

너무 복잡하다고 생각할 수도 있다. 복잡하다고 생각한다면 오히려 복잡한 관계에 놓인 말을 모아서 한꺼번에 기억해 두는 것이 좋다. 사단은 '일의 단서, 단초'이고 사달은 '일이 잘못되어 가는 상황' 등으로 말이다. 어휘를 정확하게 구별하는 데 도움을 주어 규범에 맞게 어휘를 활용할 수 있는 방법이 된다.

시큰한 발목에서 시큼한 냄새가 난다

• 어디선가 시큰한 냄새가 난다.(×)

사랑을 하게 되면 별게 다 좋게 느껴진다. 그래서 좋아하는 사람의 운동 후의 땀 냄새조차 향기롭다 한다. 그럴 때 이런 문장을 쓸 수도 있다.

• 시큰한 땀 냄새조차 향기롭게 느껴진다.(×)

자주 틀리는 문장 중 하나다. '시큰하다'는 냄새와 어울릴 수 없는 말이다. '시큰하다'의 올바른 예를 보자.

• 다친 발목이 아직도 시큰하다.(○)
• 팔목이 시큰하도록 키보드를 쳤다.(○)

이 문장들에 나타난 것처럼 '시큰하다'는 특정 부위의 통증과 관련된 말이다. 주로 어딘가를 삐거나 무리를 하여 거북하거나 저릴 때 쓰는 말이다. 실제로 냄새와 어울릴 수 있는 단어는 '시큼하다'다. 이 단어는 '신 냄새'나 '신맛'을 표현할 때 쓴다.

- 감자를 먹을 때조차 시큼한 김치가 있어야 한다.(○)
- 어디선가 시큼한 냄새가 난다.(○)

단어의 모양이 비슷하기에 '시큼하다'와 '시큰하다'를 혼동해서 쓰는 경우가 많다. 이럴 때는 둘을 함께 기억해 놓으면 혼동을 줄일 수 있다. 함께 어울리는 말을 묶어서 생각하는 것도 좋겠다. 단어는 언제나 혼자 존재하지 않는다. 관련된 것들과 함께 생각하여야 올바른 사용법을 익힐 수 있다. 아래 문장은 올바른 예들일까?

- 콧날이 시큰하다.
- 콧등이 시큰하다.
- 코끝이 시큰하다.

'코'와 관련된 단어와 함께 나타나기 때문에 혼동할 수도 있다. 하지만 이 문장들 안의 '시큰하다'는 역시 냄새를 가리키는 것은 아니다. 가슴이 뻐근한 감동을 표현할 때 쓰는 말로 '가슴이 찡하다', '코끝이 찡하다'라는 표현으로 바꾸어 쓸 수도 있다. '찡하다'라는 단어는 요사이 자주 사용하지 않는 추세다.

하지만 엄연히 사전에 나오는 멋진 우리말이다. 많이 활용해야 단어가 사라지지 않는다. 일상에서 과감히 사용해 보자. 그래야 조금이라도 고유어의 소멸을 막을 수 있다.

'시큰하다'와 '시큼하다'와 비슷한 관계에 있는 또 다른 단어를 보자.

- 어디선가 눅눅한 냄새가 난다.(×)

이는 틀린 문장이다. 틀린 이유를 알려면 '눅눅하다'라는 단어를 어떨 때 사용했는지를 기억해 보는 것이 좋다. 단어의 느낌을 알기 위해서는 자신이 실제로 쓰는 문장을 떠올리는 것이 유용하니까.

- 장마철이라 날씨가 눅눅하다.
- 세탁기에서 막 꺼낸 눅눅한 옷을 걸쳤다.
- 어디선가 눅눅한 바람이 불어온다.

이 문장들에서 보이듯 '눅눅하다'는 '물기가 많다'는 의미를 갖는다. 이 말을 '습기 때문에 생기는 냄새'를 표현할 때 사용한 것이 '눅눅한 냄새'다. 아직은 잘못 쓰인 예다. 이 단어 역시 '시큰하다', '시큼하다'의 관계와 함께 기억해 두자.

'안일하다'와 '안이하다'의 차이보다 중요한 것

'안일하다'와 '안이하다'는 뭐가 다를까? 이런 질문은 국어 전문가조차 당황스럽게 만든다. 사전을 뒤져 둘의 차이를 정리하면 다음과 같다.

	편안함을 추구함	쉽게 생각하는 태도나 경향	나태하다
안이하다	○	○	○
안일하다	○	○	×

하지만 이런 정리는 허무한 일이다. 일상적인 언어생활에 도움을 주질 않는다. 이 차이를 외워 일상에서 그대로 쓴다는 것은 가능하지도 필요하지도 않은 일이다. 왜 그런가?

답하기에 앞서 '언제 이런 것이 궁금해지는가?'에 대한 대답부터 해 보자. 글을 쓸 때라는 답이 나올 수도 있다. 어휘에 대해 가장 많이 고민하는 상황은 글을 쓸 때다. 그런데 글을 쓸 때 이런 고민은 그렇게 중요한 것이 아니다. 문장을 만들다 적절한 단어가 떠오르지 않을 때도 있다. 하지만 그 고민이 '안일하다-안이하다' 수준의 미미한 의미 차이여서는 안 된다. 글을 쓸 때의 고민은 언제나 중요한 부분과 관련된 것이어야 한다.

주제와 관련되지 않은 단어 하나하나에 시간을 낭비하는 것보다 주제의 깊이나 구조의 체계에 대해 더 많이 고민해야 한다. 그 예외는 시나 소설과 같은 문학적 글쓰기에서일 뿐이다.

그래서 '안일하다'와 '안이하다'의 차이를 고민하게 되는 순간은 이를 문제로 만났을 때다. 질문을 받았거나 시험 문제로 만났거나 하는 순간 말이다. 이런 상황이 아니라면 이들 단어의 차이는 글쓰기에서도, 우리말 맞춤법을 아는 데도 그렇게 중요하지 않다. 왜 그런가? 단어의 쓰임을 제대로 아는 쉬운 방법은 어디에 어떻게 쓰는지를 보는 일이다.

- 안일한 대처가 국민을 실망시켰다.
- 안이한 대처가 국민을 실망시켰다.

위 문장에서 두 단어는 거의 같은 의미로 쓰인다. 여기서 질문이 생긴다. 우리는 꼭 같은 의미의 단어를 두 개나 만들지 않는다. 비효율적인 일이니까. 그래서 엄밀한 의미의 동의어는 거의 없다. 비슷한 말만 있을 뿐이다. 일상에서 만날 수 있는 이들의 차이는 무엇일까?

- 나태와 안일(○)을 반성해야 한다.
- 나태와 안이(?)를 반성해야 한다.

더 맞춤법

첫 문장은 어색하지 않지만 두 번째는 조금 이상하다. '안이 (安易)'가 단독으로는 잘 쓰이지 않기 때문이다. 과거의 어떤 시기에는 '안이'라는 단어가 있었을 것이다. 그러다가 '안이'에 '-하다'가 붙은 말만 오늘날 남은 것이다. 그러니 '안일'과 '안이'의 한자를 따져 의미를 구분하는 것은 소용없는 일이다. '안이'가 사라지면서 '안이하다'와 '안일하다'의 경계가 모호하게 변하고 말았으니까.

군이 이들 의미를 구분해 쓰고 싶다면 우리가 실제로 쓰는 말로부터 출발하는 것이 좋다. 자주 쓰는 말 중에서 '일(逸)'이나 '이(易)'를 포함한 단어들을 살피는 것이 낫다. 일탈(逸脫)의 '일(逸)'을 찾아내고 평이(平易)의 '이(易)'를 찾아내는 것도 한 방법이다. 하지만 이러한 미시적인 어휘의 의미 차이보다 더 중요한 영역이 훨씬 많다는 점을 기억하자. 단어 두 개의 의미 차이를 따지는 힘을 더 중요한 본질적인 것으로 옮겨서 생각할 필요가 있다는 말이다.

딸을 '여읜' 뒤 부쩍 '여윈' 얼굴

'여위다'와 '야위다'는 같은 의미의 말이다. 모두 '수척하다, 파리하다'의 뜻으로 쓰인다. 국어에는 모음 차이만으로 작은 말, 큰 말의 관계를 이루는 경우가 많다. '야위다', '여위다'도 그중 하나다. '야위다'에 '조금'이라는 느낌이 들어 있는 것이다.

- 한동안 못 보았더니 몰라보게 여위었네.
- 한동안 못 보았더니 조금 야위었네.

그런데 이 단어들을 '여의다'와 혼동하는 일이 많다. 발음이 비슷해서 생기는 일이다. 하지만 '여의다'는 의미가 전혀 다른 단어다. '여의다'는 부모나 사랑하는 사람이 죽어서 이별하였다는 의미다. 그런데 이 단어의 의미가 조금 복잡하다.

- 일찍이 부모를 여의고(①) 자수성가한 사람이래.
- 딸 셋 여의면(②) 기둥뿌리가 팬다.

①이 '부모가 죽어 이별하다'의 의미를 가진 것이다. 그런데 ②의 '여의다'는 죽음과 전혀 관련이 없다. 딸이 죽었다는 의미는 아니니까. 이 단어는 어떤 의미가 있는 걸까? 의미를 알기 위해 이 문장 속 '팬다'의 의미부터 짚어 보자. 동사나 형용사의 의미를 제대로 알기 위해서는 기본형을 잡는 것이 좋다고 했다. 기본형은 '파이다'다. '파다'에 '-이-'가 붙은 것이다. '파다'는 스스로 파는 것이고, '파이다'는 주어의 의도 없이 다른 상황에 의해서 '파진다'는 의미다. 딸 셋을 어떻게 하면 기둥뿌리가 파이는 것일까? 이런 방식으로 '여의다'의 의미가 추출된다.

'여의다'는 딸을 시집보낸다는 의미다. 딸을 결혼시키는 것의 경제적 부담을 여실히 보여 주는 속담이다. 비슷한 속담으로 '딸 삼 형제를 여의면 좀도둑도 안 든다'는 말도 있다. 젊은 사람들에게는 '여의다'의 이런 의미 구분이 당황스러울 수 있다. 당연하다. 죽음과 관련된 '여의다'도 그들에게 낯선 말이다. 거기에 더하여 출가(出嫁)를 의미하는 단어까지 구분해야한다니 당황스럽고 어려울 수밖에 없다.

그런데, 당황스럽다고 맞춤법의 어려움을 토로하기 전에 그 당황스러움을 관련 질문으로 전환해야 한다. 그래야 제대로 이해할 수 있다. 왜 '딸을 시집보내는 것'만을 '여의다'라고 하는 것일까? 이 단어의 뜻이 전통적 의미의 시집보낸다는 것과 관련됐기 때문이다.

죽음으로 인한 이별이든, 전통적 의미의 '딸을 시집보내는 것'의 공통된 점은 '멀리 떠나보낸다'는 의미다. '여의다'의 전혀 다른 두 가지 용법이 있는 것이 아니라 '죽음으로의 이별'

과 '출가시킴으로써 생기는 이별'이 하나의 단어 안에 녹아 있는 것이다. 실제로 '여의다'라는 단어에는 '멀리 떠나보내다'의 의미가 들어 있다. 세월이 지나면서 '딸을 시집보내다'라는 의미의 '여의다'는 점점 사용되지 않는다. 전통적으로 쓰인 '딸의 결혼으로 인한 이별'의 의미도 달라지고 있다. 그러니 '여의다'라는 단어의 쓰임 역시 이전과는 다른 질서를 가질 수밖에 없다. '딸을 시집보내는 일'에 '여의다'라는 단어를 사용하는 것이 더 어색하게 느껴지는 이유이기도 하다.

'윗옷'을 입고 '웃옷'을 걸치다

'웃어른'을 설명할 때 주로 이렇게 말한다. '위-아래' 구분이 분명하면 '위'를 쓰고 그렇지 않으면 '웃-'을 쓴다. 간단히 말하면 '아래'를 포함한 반대말이 확실하면 '위'를 쓰고 반대말이 없으면 '웃-'을 쓴다는 것이다. 이런 설명은 맞춤법 확인에 유용하다. 많은 단어를 구분해 낼 수 있으니까.

① 윗사람 ↔ 아랫사람 → 윗사람(○)
② 윗어른(×) ↔ 아랫어른(×) → 웃어른(○)
③ 윗돈(×) ↔ 아랫돈(×) → 웃돈(○)

①의 '윗사람'은 '아랫사람'이란 반대말이 있으니 옳은 표기다. ②, ③에는 반대말이 없으니 '웃어른, 웃돈'이 맞는 말이 된다. 하지만 이렇게 단순히 생각하면 당황할 일이 생긴다. 아래 문장을 보자.

• 이 바지는 위통이 너무 좁다.

- 이 날씨에 웃통을 벗다니.
- 웃옷은 가벼운 것을 골라라.
- 아래옷과 윗옷의 색깔을 맞췄다.

이들 표기는 모두 올바른 것이다. 위-아래 구분이 분명한데도 '윗옷, 웃옷'도 맞는 표기라니 이상하지 않은가?

- 윗옷 ↔ 아래옷 → 윗옷(○)/웃옷(○)
- 위통 ↔ 아래통 → 위통(○)/웃통(○)

이유를 알려면 '위-아래'가 분명하다는 말의 의미를 알아야 한다. 여기서 중요한 것이 현재라는 시점이다. 현재 '상(上)'을 가리키는 경우에만 '위'를 쓴다. 과거에는 달랐다는 말인가? '위'의 옛말은 '우'였다. 세월이 흘러 말이 변하면서 '위'로 바뀐 것이다. 사실 현재 우리는 '상(上)'에 해당하는 말을 모두 '위'로 말하니 실제로 그리 복잡한 것은 아니다. 그 변화에 맞추어 단어 속의 '우'도 '위'로 바뀌었고 우리가 그렇게 해야 한다는 의미가 "'위-아래'가 분명한"이라는 말의 속뜻이다.

문제는 '우'를 포함한 옛말 중 원래의 '상(上)'이라는 의미를 잃고 만 단어들이다. 어원에서 멀어진 것들이다. '웃돈, 웃어른, 웃통, 웃옷' 들이 그런 단어다. '웃어른'이란 말은 '모셔야 할 사람'이라는 뜻이고 '웃돈'은 '덧붙여 주는 돈'이다. 의미가 바뀐 '우'까지 '위'로 바꿀 수는 없는 일이다. 그래서 의미가 바뀐 단어들은 그냥 '웃-'으로 표기하는 것이다.

'윗옷-아래옷 / 웃옷'의 관계에 적용해 보자. '상의(上衣)'라는 의미가 분명한 것은 '윗옷'이다. 그런데 '윗옷'과 '아래옷'을 입은 후 착용하는 옷도 있다. 이것을 '웃옷'이라 구분해 말하는 것이다. '위통'의 '통'은 '바짓가랑이나 소매의 속의 넓이'라는 의미다. 그 넓이의 윗부분에 해당하는 것이 '위통'이다. 반면 '웃통'은 '웃통을 벗다'로 한정되어 쓰이며 이에 반대되는 행동을 상상하기가 좀 어렵다. 하반신을 가리키는 '아래통(×)'이라는 단어는 없다.

지금 현재 시점에서 '웃'는 없다. 다만 단어 속에 '웃-'으로만 남았다. 여기서 질문 하나를 해 보자. 왜 '웃'가 아니고 모두 '웃-'으로 남은 것일까? 이 'ㅅ'은 우리가 잘 아는 '바닷가' 할 때의 'ㅅ'이다. 옛날에 단어를 만들 때 사이에 'ㅅ'을 넣어 만든 흔적이다. 이제 '웃'라는 단어는 단어와 단어의 결합형에만 남았기에 'ㅅ'이 함께 남은 것이다.

과일 '장사'를 하는 과일 '장수'

아래 두 문장 중 올바르게 표현한 말을 찾아보자.

- 과일 장수가 왔다.(○)
- 과일 장사가 왔다.(×)

앞의 문장이 맞다. 여기서 좀 어이없는 질문을 해 보자. 그렇다면 '장사'는 틀린 말이고 '장수'가 올바른 말인 것일까? 우리가 맞춤법을 배우면서 갖는 가장 큰 문제가 이런 태도이다. 하나의 문제만을 보고 '장사'가 아니라 '장수'가 올바른 것이라 생각한다는 것. 그러고는 '장수가 맞다'고 외우는 것이다. 하지만 우리의 언어가 그렇게 쉽고 간단하기만 할까?

- 과일 장수가 시작되었다.(×)
- 과일 장사가 시작되었다.(○)

이 두 문장 중에는 뒤 문장이 올바른 것이다. 결국 '장사'라는 단어도 있고 '장수'라는 단어도 있는 것이다. 우리는 이 두 단어의 옳고 그름을 판단해야 할 게 아니라 어떻게 다른가의 문제로 접근해야 한다. 차이의 문제를 정답, 오답의 문제로 접근하면 문제를 제대로 풀어낼 수 없다. 오히려 더 복잡해질 뿐이다. 게다가 실제로 완전한 정답이 존재하는 문제를 만나는 경우는 그리 많지 않다.

'장사'와 '장수'는 무엇이 다를까? 그 의미 차이를 알려면 문제 안의 차이에 주목해야 한다. 무엇이 바뀌었는지를 보자. '오다'라는 동사가 '시작되다'로 바뀌었다. 거기서 뭐가 달라진 걸까? 생각하기 어렵다면 그 단어 그대로 예문을 만들어 보면 된다.

- 김남미가 왔다.(○)
- 김남미가 시작되었다.(×)

'오다' 앞에는 '사람'이 올 수 있지만 '시작되다' 앞에는 사람이 올 수 없다. 그대로 '장사'와 '장수'에 적용해 정리해 보자. '과일 장수'는 과일을 파는 사람이다.

'과일 장사'는 과일을 파는 행동이다. 그대로 넣어 보면 '과일 장수는 과일 장사를 하는 사람'인 것이다. '장사'가 '물건을 파는 일'이고, '장수'가 그 일을 하는 사람이라는 것을 보여 주는 예를 보자.

- 장사하다(○)/장수하다(×)
- 장사꾼(○)/장수꾼(×)

누군가 이런 질문을 하면 좋겠다. '천하장사'는 사람인데도 왜 '장수'가 아니고 '장사'일까? 멋진 질문이다. 반례를 생각해 내야 맞춤법 실력이 좋아진다. 이런 질문을 할 수 있는 사람은 자신의 질문을 들여다보면서 더 많은 문제를 발견하고 그 덕에 더 잘 알게 된다.

앞서 본 '장사', '장수'는 모두 상업에 관련된 단어였다. '천하장사'는 이와 관련되지 않은 전혀 다른 쓰임의 단어다. 또 한자어도 '장사(壯士)'로 다르다. 물론 '장수(長壽)'라는 한자어도 있다.

그런데 우리는 천하장사의 '장사(壯士)'와 오래 산다는 의미의 '장수(長壽)'를 혼동하지는 않는다. 그런데 왜 '장사(상업)', '장수(상인)'는 혼동될까? 그것은 이 두 단어가 같은 상황 속에서 쓰이기 때문이다. 같은 맥락에서 쓰이는 공통점을 가진 것들은 구분하기가 더 어렵기 마련이다. 그러면 이런 것들은 어떻게 해야 할까? 공통점을 가진 것들을 묶고 이들 사이의 차이를 구분하는 연습을 해야만 한다. 복잡한 것은 일부러 모아서 구분해 둬야만 혼동을 피할 수 있다.

4장

목소리에 속지 말자
발음이 비슷해서 헷갈리는 말

'갖은' 꿈을 '가진' 우리

밑줄 친 부분에 주목해 보자.

　① "열 살 때부터 <u>가진</u> 직업을….."
　② "열 살 때부터 <u>갖은</u> 직업을….."

　①은 인터넷 기사의 표제어이고 ②는 단어 하나를 바꾼 것이다. 이 예문에서 아무런 의문이 생기지 않는다면 굳이 고민할 필요는 없다. 일상에서 이들이 다름을 제대로 알고 사용하는 사람일 것이기 때문이다. 하지만 조금이라도 이상하다 느낀다면 어디로부터 온 의문인가에 집중할 필요가 있다. 이상함은 ①로부터 온다. ①의 '가진'의 기본형부터 잡아 보자. '가지다'다. 그리고 이 '가지다'를 준말 '갖다'로 쓰는 일이 많다. 하지만 ①의 '가진'은 준말인 '갖은(×)'으로 적을 수 없다. 실제로 쓰는 말을 떠올려 보자.

　• 갖고(○), 갖지만(○), 갖든지(○)

• 갖으니(×), 갖어서/갖아서(×), 갖으라고(×)

원래 말인 '가지다'는 모음이든 자음이든 자유롭게 연결되지만 '갖다'는 모음을 연결해 말할 수 없는 것이다. 표준어 규정은 우리가 이렇게 구분해 말한다는 것을 잘 안다. 그래서 표준어 사정 원칙에 준말에 모음이 연결되지 못함을 반영해 두었다. '꿈을 갖은(×) 우리'가 규범에 어긋나는 표기인 것은 이 때문이다. 실제로도 우리는 '꿈을 갖은(×) 우리'라 말하지 않는다. 그런데 우리는 왠지 '갖은'이라고 말한다는 느낌을 갖는다. 이는 이 '갖은(×)'이 ②의 '갖은(○)'과 발음이 같기에 생기는 일이다. 이 두 표기는 동음이의어 관계에 놓여 있기에 혼동을 겪는 것이다. 표준어 규정에 관심이 많은 사람일수록 이를 더 많이 혼동한다. 컴퓨터의 맞춤법 교정 시스템 역시 예외가 아니다. 컴퓨터는 '갖은, 갖으면서, 갖으라고'의 표기가 잘못 쓰인 것을 잡아내질 못한다. 그렇다면 '갖은(○)'은 '갖은(×)'과 무엇이 다를까? '갖은(○)'은 '온갖'이라는 관형사와 의미가 닿아 있다. 예문을 떠올리면서 생각해 보자.

• 갖은 노력, 갖은 고생, 갖은 수고, 갖은 핑계, 갖은 수모, 갖은 모욕

이 단어는 항상 명사 앞에서 명사를 꾸미는 방식으로만 쓰인다. 우리말에서 항상 명사를 꾸미는 품사는 '관형사'다. 국어의 관형사는 절대 모양이 변하지 않는다. 대표적 관형사인 '새 집,

이 책'이라 할 때의 '새'나 '이'를 떠올려 보자. '새'나 '이'의 모양이 언제나 고정된 것처럼 '갖은(○)'도 언제나 그 모양으로 쓰인다. 현대 국어의 준말인 '갖다'에 '-은'이 붙어서 만들어진 말이 아니라는 의미다.

여기서 멋진 질문이 나올 수도 있다. 그러면 어원적으로는 어떤 말에 '-은'이 붙어서 나온 말일 수도 있을까? 옛날에는 오늘날의 준말인 '갖다'와 다른 '궂다'가 있었다. 세월이 흐르면서 이 말은 없어지고 그 말로부터 나온 '갖은(○)'만이 관형사로 남은 것이다. 마지막으로 처음 보았던 예문들의 뒤에 올 말들을 생각해 연결해 보자.

① "열 살 때부터 <u>가진</u> 직업을 포기해야 하는 심정은…"
② "열 살 때부터 <u>갖은</u> 직업을 전전해 온 그는…"

이런 작업들이 두 단어를 명확히 구분하는 데 도움을 준다.

'값진' 기회를 준 은혜를 돈으로 '값진' 못한다

• 값진 경험이었어요.(×)

최근 인기 있는 예능 프로그램에서 발견한 오타다. '값진'을 '갚진'이라 잘못 적은 것이다.

대개 이를 우연한 맞춤법 오류로 취급한다. 이런 우발적 실수까지 민감하게 다룰 필요는 없다고 생각할 수도 있다. 뉴스가 아닌 예능 프로그램의 자막이다. 구어를 적은 것이니 오타가 생기게 마련이라고 생각할 수도 있다. 옳은 말이다. 맞춤법 자체보다는 목적에 맞는 의사소통이 더 중요하다.

맞춤법은 공식적인 상황을 위한 표기 원칙이다. 공식적 표기로 공식적 의사소통을 수행해야 한다는 의미다. 방송 프로그램은 공식적 상황이다. 더구나 인기리에 방송되는 프로그램의 자막은 그 영향력이 더 크다. 그래서 '갚진'이라는 잘못된 표기에 대해 논의해야 한다. 오타 자체가 아니라 이런 일이 발생한 이유를 짚어야 한다는 말이다.

우리는 음절의 끝에서 일곱 개의 자음밖에 발음하지 못한다.

더 맞춤법

한국어를 모국어로 하는 사람은 누구나 그렇다. 그렇게 하지 않으면 우리말 소리를 제대로 낼 수 없다. '값'이든 '갚-'이든 음절의 끝소리가 바뀌어야 소리가 난다는 의미다. 그러면 말한 사람의 발음에 주목해 보자. [갑찐 경험]이라 말했다. 정확한 표준 발음이다. '갚진 경험(×)'이든 '값진 경험(○)'이든 발음은 똑같다는 말이다. 어떻게 그렇게 되는 것일까?

표기	값진(○)	갚진(×)
음운 현상	자음군 단순화	대표음 되기
	경음화	경음화
발음	[갑찐]	[갑찐]

'값'의 음절 끝에는 자음이 두 개나 들었다. 하나가 탈락해야 우리말 소리다워진다. 그래서 'ㅅ'이 탈락한 것이다. 이런 것을 자음군 단순화라 한다. 어려운 말이 아니다. 말 그대로다. '군 (群)'이라는 말은 '무리, 떼'라는 의미다. 무리를 이루던 것이 단순해졌으니 하나가 탈락했다는 말이다.

'갚-'도 그대로 발음되지 않는다. 'ㅍ'의 대표음인 'ㅂ'으로 바뀌어야 우리말 소리다워진다. 이 현상을 가리키는 이름은 많다. 여기서는 그냥 쉽게 '대표음 되기'로 표현해 보자. 둘 다 음절의 끝에서 일어나는 현상이니 '음절의 끝소리 현상'으로 묶어서 부를 수도 있다.

문제는 위에서 다룬 것이 우리말의 대표적 음운 현상이라는 점이다. 말소리에만 의존해 적으면 언제든 잘못 적을 수 있다는 의미다. 컴퓨터의 맞춤법 검사기도 '갚진(×)'의 오타를 잡아내지 못한다. 실수가 많아질 수 있는 상황 하나가 더 추가된 셈이다. 우리가 좀 더 깊은 관심을 갖지 않는다면 발음이 같아서 오타가 생길 수 있다는 말이다. 정말 그럴까? 컴퓨터가 잡아내지 못하는 오류 문장 하나를 보자.

• 모범으로 삶을 일이다.(×)

'삶다'와 '삼다'는 소리가 같다. '닮다'와 '담다'도 마찬가지다. 발음으로만 본다면 오타가 생기는 것이 당연한 일이다. 하지만 소리에 의존해서는 큰일이 생긴다. 모범으로 삼을 것을 삶아 버리는 어이없는 상황이 생기는 것이다. 맞춤법을 다룰 때는 언제나 소리와 의미를 함께 고려하여야 한다는 점을 잊지 말자.

낳으면 나을까

'낫다', '낳다'의 표기 혼동이 잦아졌다. 야단치기만 할 일이 아니다. 누군가 무엇을 혼동한다면 이유가 있게 마련이다. 실제로 '낳다'와 '낫다'에는 복잡한 발음의 사연들이 들었다. 이 복잡성은 단어의 받침 'ㅎ', 'ㅅ'에서 온다. '낳다'부터 보자. 'ㅎ'을 가진 말들을 좀 더 떠올리면 받침 'ㅎ'의 일반 원리를 이해하는 데 도움이 된다.

> • 낳다, 놓다, 닿다, 좋다, 쌓다, 많다, 않다, 닳다, 싫다, 뚫다, 앓다

이들 표기에 왜 'ㅎ'을 적을까? 소리 때문이다. 모두 [나타], [노타], [다타], … [뚤타], [알타]로 소리 난다. 기본형의 끝음절은 '-다'다. 그것이 '타'로 소리 난다는 것은 앞에 'ㅎ'이 있다는 의미다. 'ㅌ'은 'ㅎ'과 'ㄷ'을 합쳐 소리 낸 것이니까. 이 때문에 받침에 'ㅎ'을 적는 것이다.

그런데 '-아, -으면, -으니'를 붙이면 문제가 복잡해진다. 우리는 모두 [나아], [노아], [다아], [조아], … [뚜러], [아라]로

발음한다. 'ㅎ'이 사라지는 것이다. '낳다'와 '낫다'를 혼동하게 되는 지점이다. 소리 그대로 '나아'로 적은 것이 '낫다'의 '나 아'와 같아져 생긴 혼동이다.

이상한 질문을 해 보자. '낳아'를 소리 나는 대로 적으면 왜 안 될까?

지하철에서 '낳으면 나을까?'란 문구를 본 적이 있다. 아이를 낳으면 허리가 낫느냐는 맥락에서 쓰인 것이다. 'ㅎ'을 빼 보자. 소리대로 '나으면 나을까?'로 적어서야 의미 전달이 되질 않는다. 모음 앞에서든 자음 앞에서든 'ㅎ'을 밝혀 적는 것은 이 때문이다.

그러면 '낫다'를 보자. 이 단어 역시 모음 '-아, -으면, -으 니'가 붙으면 'ㅅ'이 사라진다. 그런데도 '낫고, 나아, 나으면' 으로 적어야 한다. 당연히 질문이 생겨야 한다. '낫고, 낫아(×), 낫으면(×)'으로 적어야 의미 전달이 제대로 되는 게 아닐까? 그렇지 않다. 앞서 본 'ㅎ'으로 끝나는 단어들은 모두 모음 앞 에서 소리 나지 않았다. 우리의 발음은 그 규칙을 알기에 '낳아 도'라 적어도 '나아도'로 발음한다.

'ㅅ'은 그렇지 않다. '씻다'를 보자. [씨서], [씨스니]로 'ㅅ'이 소리 난다. 모음을 만나 받침이 뒷말의 첫소리로 나는 것이 일 반적 규칙이다. '낫다'처럼 모음을 만나 사라지는 것은 이 일반 적 규칙을 지키지 않는 몇몇 단어다.

이 몇몇 불규칙한 단어들은 달리 취급하는 것이다. 불규칙 동사들은 소리대로 적는다. 대표적인 불규칙 동사인 '묻고, 물 어'를 보면 명확해진다. 이 단어를 '묻어'라고 적으면 곤란하다. 규칙적 원리를 따르는 '묻다, 묻고, 묻어서'와 혼동되기 때문이다. '낫고, 나아'로 적는 원리는 '묻고, 물어'를 적는 것과 같은 불규칙을 취급하는 원리다.

'낫다', '낳다'의 혼동에는 이런 복잡한 사연이 들었다. 놀라운 점은 우리의 입이 이런 복잡한 법칙들을 제대로 지켜 말한다는 점이다. 어려운 맞춤법을 이해하기 위해 우리 입의 도움을 빌려야 하는 이유가 여기에 있다. 아이들조차 마찬가지다. 그들 역시 이 복잡한 규칙을 지켜 제대로 소리 낸다. 아이들이 맞춤법을 제대로 지키게 하고 싶다면, 자신의 소리를 확인해 원리를 이해하는 과정을 경험하게 하여야 한다. 그것이 규범을 제대로 지키기 위한 사고의 시작이다.

산 '너머'를 보려고 저 산을 '넘어'

《창문 넘어 도망친 100세 노인》이라는 책 이름이 있다. 이 이름은 '넘어'와 '너머'의 관계를 제대로 알 수 있도록 돕는 통로가 될 수 있다. 예문을 보자.

① 창문 넘어 도망친 100세 노인
② 창문 너머 도망친 100세 노인

어떤 표기가 맞을까? 재미있는 것은 컴퓨터 화면에는 둘 모두 오류 표시가 되지 않는다는 점이다. 어째서 이런 일이 생기는 것일까? 먼저 소설의 의도로 본다면 ①이 옳은 표기다. 100세 노인은 창문을 넘어 도망쳤으니까. 여기서 '넘어'는 '넘다'가 문장에서 바뀐 것이다.

• 넘고, 넘어, 넘도록, 넘으니, 넘더라도, 넘으려면, 넘어도, 넘으므로, 넘는, 넘을지라도, 넘든지, 넘기…

'넘다'는 이렇게 복잡하게 바뀌면서 문장 안에서 다양한 기능을 한다. 같은 의미의 단어는 동일하게 적어야 의미 전달이 쉽다. 소리가 바뀌더라도 모두 '넘-'을 밝혀 적는 이유다. 우리는 이런 복잡한 변화형이 같은 단어라는 것을 정확히 안다. 심지어 별다른 어려움 없이 정확하게 구분해서 쓰고 있다. 우리들의 머릿속 규칙이 갖는 힘이다.

그러면 ②는 왜 '넘-'을 밝혀 적지 않는 것일까? ②의 표기가 올바르려면 아래 의미로 쓰여야 한다.

• 창문 너머에 도망친 100세 노인이 있다.

'너머'에는 '넘어'와 달리 행동이 들어 있지 않다. 그냥 '높이나 경계로 가로막은 사물의 저쪽. 또는 그 공간'이라는 의미의 명사다. 둘을 명확히 구분하려면 한 문장에 모두 넣어 보는 것도 좋은 시도다.

• 산 너머를 보려고 저 산을 넘어서 간다.

여기서 '너머'는 '넘다'처럼 복잡하게 바뀌지 않는다. 국어에서 복잡하게 형태가 변하는 것은 동사나 형용사 그리고 '-이다'뿐이다. 명사는 언제나 같은 모양을 유지한다. 누군가는 이런 멋진 질문을 할 수도 있다. '너머'라는 단어 역시 '넘다'에서 온 것이 아닌가?

그렇다. 하지만 현재 그런 것은 아니다. '너머'라는 단어는 과거의 시점 언젠가는 '넘다'라는 단어로부터 나온 것임에 분명하다. 그러나 현재에는 '넘다'와 의미가 멀어져 새로운 단어가 되었다. 어원에서 멀어져 새로운 단어가 된 것은 어원대로 적지 않고 소리 나는 대로 적는 것이 맞춤법 원리다. 그래서 '넘어'와 '너머'를 구분해 적어야 하는 것이다.

중요한 문제가 하나 남았다. 컴퓨터 화면상의 빨간 줄에 관련된 것이다. 누군가는 '창문 너머 도망친 100세 노인'이 보이는 해석이 억지스럽다고 반론할 수 있다. 당연한 일이다. 이런 해석은 그리 일반적이지 않다. 일단 우리에게는 '넘어'라는 단어가 훨씬 더 익숙하다. 또 뒤에 연결되는 '도망친'이 어색함을 가중시킨다. '넘어 도망친'이라는 연결이 우리에게 훨씬 자연스럽다. '창문 너머, 도망친 100세 노인'처럼 쉼표의 도움이 필요할 수도 있다.

여기서 짚어야 할 지점은 컴퓨터는 이런 어색함을 이해하지 못한다는 점이다. 그저 사용 정보가 저장되었으면 올바른 표기라고 인식할 뿐이다. 우리가 의미와 표기의 관계에 더 깊은 관심을 가져야 하는 이유가 여기에 있다. 무조건 컴퓨터에 맞춤법 교정을 맡겨서는 내 의미를 제대로 전달하지 못할 수도 있음을 기억해야 한다.

더 맞춤법

'네'와 '예'에 적용된 두 가지 두음 법칙

누군가 자신보다 높은 사람이 자신의 이름을 불렀다고 생각해 보자. 일단 어떻게 답하는가? 높은 사람에게 긍정적 의미의 답을 할 때도 같은 상황이다. 우리는 어떻게 말하는가?

"김남미 씨?"
"네/예."

일상에서 우리는 자신이 '네'라 발음하는지 '예'라고 발음하는지 의식하지 않고 산다. 하지만 이를 표기하려면 난감해진다. '예'라고 쓸지, '네'라고 쓸지 혼동되는 것이다. 결론을 말하면 '네'와 '예'가 모두 표준어이고 발음대로 적으면 된다. 이렇게 하나의 의미에 둘 이상의 형태를 표준어로 인정하는 것을 복수 표준어라 한다. 표준어 규정 안에 아예 '복수 표준어' 항목이 있을 정도로 무시할 수 없는 부분이기도 하다. 어떤 사람들은 차라리 규범으로 하나를 명확히 정해 주기를 바라는 마음에서 불만을 제기하기도 한다.

하지만 그렇게 규정할 수밖에 없는 사정이라는 것이 있다. 이 사정을 제대로 이해하기 위해서는 몇 가지 질문이 이어져야 한다. '네'와 '예'는 어디로부터 온 것인가? 또 '네'와 '예' 모두 나타날 수밖에 없었던 이유는 무엇인가?

'네'나 '예'의 옛말은 '녜'였던 것으로 추정된다. 방언에 '녜'로 나타나 그 추정에 힘을 보탠다. 이 옛말은 오늘날 '네/예'가 나타날 수밖에 없음을 제대로 보여 준다. 어째서 그러한가? '녜'에 우리가 잘 알고 있는 음운 현상이 관여하면 '네/예'가 되기 때문이다. 'ㄴ'과 관련된 두음 법칙을 보자.

옛 문헌에서는 'ㄴ'으로 시작되는 말이 오늘날보다 훨씬 많았다. 몇몇 예들을 보자.

- 니르다(이르다), 니마(이마), 녀기다(여기다), 녀자(여자), 냥념(양념), 녀름(여름)

괄호 바깥이 옛말이고 괄호 안이 오늘날 말이다. 모두 첫머리의 'ㄴ'이 탈락하여 오늘날 말이 됐다. 이를 '녜'에 적용하면 그대로 오늘날 말인 '예'가 된다. 1988년 이전 맞춤법에서 '예'를 표준어로 삼은 것은 'ㄴ'과 관련된 두음 법칙의 강화 결과를 반영한 것이다. 그렇다면 '네'라는 발음에도 이 현상이 관여하는 것일까? 그렇게 어려운 문제는 아니다. 아래 표를 보자.

더 맞춤법

옛말	녜	
	(ㄴ + y 연쇄)	
오늘날 말	(ㄴ을 탈락시킴)	(y를 탈락시킴)
	예	네

이 두음 법칙은 모음 'ㅣ, ㅑ, ㅕ, ㅠ, ㅛ' 앞에 'ㄴ'을 꺼리는 현상이다. 즉 'ㄴ'과 'ㅣ' 혹은 'ㄴ'과 'y'가 연결되는 것을 꺼리는 현상이다. 여기서 'y'는 'ㅛ, ㅑ, ㅠ, ㅕ'의 앞에 온 반모음을 말하는 것으로 'ㅣ' 모음과 소릿값이 같다. '녜'가 '예'로 변화한 것은 'ㄴ'과 'y'의 연속에서 'ㄴ'을 탈락시킨 것이다. 이와 다른 방법이 하나 남는다. 'ㄴ'과 'y'에서 'y'를 탈락시키는 방법이다. 'ㅖ'에서 'y'를 탈락시키면 'ㅔ'로 바뀐다. 그래서 '네'가 만들어진 것이다. 실제로 오늘날 서울말에서는 이 '네'가 훨씬 더 많이 쓰인다. '네'와 '예' 모두 'ㄴ'과 관련된 두음 법칙을 준수하고 의미 차이도 없으니 이 둘을 모두 표준어로 인정하게 된 것이다.

점점 더 어색해지는 '달이다'

맞춤법 구분에서 자주 나오는 단어의 짝이다.

> • 약을 <u>달이다</u> / 옷을 <u>다리다</u>

두 단어를 혼동하는 일은 거의 없다. 이런 쉬운 단어들에 대해 말하는 이유는 뭘까? 어떻게 쓰이는가를 알아야 그 단어를 진짜 아는 것이기 때문이다. 사전을 찾을 때 어떻게 하는가? 사전에서 단어 자체의 의미만을 보는 일은 그리 유용하지 않다.

사전은 '가장 기본적인' 의미를 제시한다. 그래서 일상의 의미를 찾기 어려운 경우도 많다. 예문이 그 어려움을 도와준다. 그 단어가 실제로 어떻게 쓰이는지를 보여 주므로.

좀 더 복잡한 '달이다'를 먼저 살펴보자. '달이다'는 사전에 '액체 따위를 끓여서 진하게 만들다'라고 쓰여 있다. 대표적인 액체 몇 가지를 생각해 '달이다'와 연결해 보자.

> • 물을 달이다(×)

- 우유를 달이다(×)
- 음료수를 달이다(×)

사전적 의미를 보니 '달이다'와 '끓이다'의 차이는 '진하게 만들다'에 있을 듯하다. '물'은 끓여도 진해지지 않으니 이 단어가 '달이다'와 연결되지 않는 이유를 알 수 있다. 하지만 '우유'나 '음료수' 중에는 끓이면 진해지는 것이 있을 법하다. 하지만 이런 말은 쓰이지 않는다. 왜 그럴까? 연유를 알기 위해 '달이다'가 놓인 예문을 더 보자.

- 간장을 달이다(○) / 간장을 끓이다(○)
- 보약을 달이다(○) / 보약을 끓이다(?)
- 차를 달이다(△) / 차를 끓이다(○)

간장, 보약, 차(茶)는 끓이면 진해지는 것들이다. '달이다'와 함께 놓이는 대표적 단어들이다. 그런데 간장이나 차는 '끓이다'와도 제법 어울리는 것으로 보인다. 그런데 보약의 경우 '끓이다'와 함께 쓰는 것이 가능할 듯은 한데 왠지 좀 어색하다. 어떤 사람들에게는 '차를 달이다'라는 말이 어색하게 느껴질 수도 있다.

왜 이런 일이 벌어지는 것일까? 단어는 상황 안에서 만들어지며 그 상황과 함께 존재한다. '달이다'라는 단어 자체의 의미를 아는 것이 중요한 것이 아니라 '간장을 달이고', '보약을 달이는' 상황을 이해해야 단어의 의미를 안다는 뜻이다.

요즈음 일상에서 '달이다'를 사용할 상황이 점점 줄어들고 있다. 이미 우리의 아이들은 '간장을 달이다', '차를 달이다'와 같은 상황을 이해하기가 어렵게 되었다. 상황이 사라진다는 것은 단어의 힘이 약해진다는 의미다. 약해진 단어는 점점 범위가 좁아져 몇몇 단어에 한정되어 쓰이게 마련이다. '달이다'가 간장, 보약 등의 단어로 한정되어 놓이는 이유다.

이런 상황에서 '우유'나 '음료수'가 '달이다'와 어울리지 않는 것은 당연하다. 우리는 '우유'나 '음료수'를 달일 상황에 놓여 있지 않다. 어쩌다 이들을 달이는 요리법을 활용한다 할지라도 이 단어를 쓰지 않는다. 우리가 더 자주 쓰는 '끓이다'를 활용하는 것이 더 쉽다.

우리는 단어를 익힐 때 무엇과 함께 나타나는가를 유심히 보아야 한다. 그것이 단어를 맥락 속에서 익히는 방식이다. '달이다'가 어떤 단어와 어울리는가를 알고 그 단어와 함께 기억해야 한다. 그 맥락 안에서 단어를 사용하여야 정확한 의사 전달이 가능해진다.

들은 것은 '-대', 본 것은 '-데'

· 서울은 정말 멋지데.
· 서울은 정말 멋지대.

두 문장 모두 올바른 표기다. '서울은 정말 멋지대'가 올바른 것이 아닌가 생각하는 사람도 있을 수 있다. 이 맞춤법 원리는 상대적으로 잘 알려진 것이기 때문이다. 여기서 '-대'는 '-다고 해'의 준말이다. 'ㅐ'를 표시해 원말을 밝힌 것이다.

하지만 이를 개별적인 것으로만 생각하는 것은 두 가지 측면에서 곤란하다. 첫째는 '멋지대'만 맞고 '멋지데'라는 표기는 틀렸다고 생각하게 된다. 한 가지의 앎이 또 다른 앎을 방해할 수도 있다는 말이다. 둘째는 '멋지대'와 관련된 다른 말들과의 관계를 무시하게 된다.

상대적으로 더 쉬운 두 번째 문제부터 풀어 보자. '-다고 해'의 준말이 '-대'라는 것은 짝을 이루는 말들도 같은 규칙을 따른다는 것을 의미한다. 짝을 이루는 문장을 만들어 '-다고 해 → -대'의 규칙을 적용해 보자. 관계를 읽어 앎을 확장하는 방식이다.

- 서울은 정말 멋지다고 해. → 멋지대
- 서울은 정말 멋지냐고 해. → 멋지내
- 서울에 가 보자고 해. → 가 보재
- 서울에 가 보라고 해. → 가 보래

모두 규범에 맞는 표기다. '멋지내, 가 보재'가 낯설 수 있다. 컴퓨터 자판에 입력해 보자. 붉은 줄이 분명히 그어진다. 맞춤법 검사기조차도 이 표기들을 오류로 판단한다는 의미다. 왜 그러한가? '-다고 해'를 '-대'로 줄이는 것은 '입말(음성 언어)'에서 주로 일어나는 일이다. 이전에는 문학 작품이 아니라면 준말을 문자로 표기할 일이 그리 많지 않았다. 그런데 요사이 손 전화나 SNS상에서는 말하는 대로 적어야 할 일이 많아졌다. 준말 표기도 그중 하나다. 일상의 준말을 모두 표기법으로 정해 예시하는 것은 불가능한 일이다. 맞춤법 검사기가 '멋지내'를 오류라 판단하는 것도 이런 맥락과 닿아 있다.

이런 상황 때문에 이미 아는 맞춤법 원칙을 확장하는 능력이 더 많이 필요하다. '-다고 해 → -대'로부터 '멋지내, 가 보재'를 이끌어 내는 것은 더 많은 표기를 가능하게 한다. '하대/하내/하재/하래', '만든대/만드내/만들재/만들래' 등을 규범에 맞게 적을 수 있다는 의미다.

이제 마지막 문제가 남았다. '서울은 멋지데'에서의 '데'는 무엇일까? '데'는 '더이다'에서 줄어든 말이다. 우리가 "그 애는 어렸을 때도 예뻤더라"라 말할 때의 '-더-'이다. 이 '-더-'의 이름이 과거 회상 어미이다. 우리는 이 '-더-'를 '-던지'와 '-든지'를 구별할 때 보았다. 국어의 '-더-'는 지난 일을 돌이켜 말할 때 쓰는 말이다. 돌이켜 보니 '서울이 멋지더라'는 의미가 이 '-데'에 반영되어 있다. '멋지더라'의 '-더-'와 '멋지데'의 '-데'에 들어 있는 '-더-'가 같다는 사실에 주목하면 '-데'를 써야 할 상황을 이해할 수 있게 된다.

'몇 월'은 맞고 '몇 일'은 틀린 이유

맞춤법 때문에 짜증 난 일이 있는가? 짜증 난다는 것이 마냥 나쁜 일만은 아니다. 맞춤법에 대한 관심이 여기서부터 시작되는 일도 많다. 짜증스러움을 '무슨 맞춤법이 이 모양이야'와 같은 불만족으로 만들지 말고 '왜 맞춤법을 이렇게 정했을까'와 같은 순수한 궁금증으로 바꾸어 보자. 그래야 이 궁금증을 푸는 과정이 맞춤법을 이해하는 통로가 된다.

우리를 짜증 나게 하는 대표적인 맞춤법이 '며칠'이다. 그 짜증을 순수한 질문으로 바꿔 보자. 왜 맞춤법을 이렇게 정했을까? 짜증을 이런 질문들로 바꾸어야 맞춤법을 이해하는 길로 만들 수 있다. 먼저 짜증 너머의 욕구를 짚어 보자. 우리는 이 단어를 어떻게 적고 싶었던 것일까? 이 달리 쓰고 싶은 욕구 때문에 불만이 생기고 짜증이 생기는 것이니까.

우리는 '며칠'을 '몇일'로 적고 싶어 한다. 질문을 더 이어 보자. 그렇게 적으면 무엇이 좋은가? 우리는 '며칠'이라는 단어를 단독으로 생각하지 않는다. 단어는 단독으로 존재하는 것이 아니니까. 그래서 '며칠'을 떠올리면서 이미 '몇월 몇일'의 짝

더 맞춤법

을 생각하게 마련이다. 이 '몇월 몇일'은 '몇'을 중심으로 '월'과 '일'이 의미상의 짝을 맞추어 의미 파악을 쉽게 한다. 그래서 이렇게 적는 것이 더 좋다고 생각하는 것이다. 이것이 우리의 짜증의 원인이다.

맞춤법을 정하는 사람들도 이 점을 잘 안다. 그런데 왜 '며칠'을 맞는 표기로 정한 것일까? 언어는 음성과 의미로 이루어져 있다. 앞서 본 것은 의미에 관한 것이었다. 그렇다면 음성, 즉 말소리에 어떤 답이 있는 것은 아닐까? 발음해 보자. 우리는 '몇 월 며칠'을 [며둴 며칠]이라 발음한다. '몇월 몇일'이나 '몇 월 몇 일'이라고 써 놓고 발음해도 마찬가지다. 사실은 우리가 [며둴 며칠]이라 발음하기에 '며칠'이 맞는 표기인 것이다. 우리가 말하는 규칙이 맞춤법에 적용되었다는 의미다. 왜 그런가? 관련된 다른 단어들이 실마리를 준다. '꽃 안'을 발음해 보자. 누구나 이 단어를 [꼬단]으로 발음하지 [꼬찬]으로 발음하지 않는다. '꽃'과 '안'은 각각 하나의 단어이다. 앞말의 받침인 'ㅊ'이 '안'의 빈자리로 이동해 [꼬찬]으로 발음하면 '안'의 의미가 훼손된다. 우리의 머릿속 규칙은 이를 허용하지 않는다. 그래서 '꽃'은 혼자 있을 때의 발음인 [꼳]으로 변한 이후에야 'ㄷ'을 이동시킬 수 있다. 그래서 [꼬단]으로 발음하는 것이다.

이것은 '몇 월'의 발음 원리와 같다. [며둴]의 'ㄷ'에 주목해 보자. 그런데 '며칠'은 어떤가? 우리는 이를 [며딜]이나 [며닐]이라 소리 내는가? 이 말은 우리의 발음이 '며칠'을 '몇 월'과 달리 취급하고 있다는 것을 말해 준다. 아무도 '몇+일'의 원리로 소리 내지 않는다. 이 말의 규칙은 맞춤법으로 '몇일'이나 '몇일'로 정할 수 없게 만든 것이다. 이것이 맞춤법 표기 '며칠'이 탄생하게 된 이유다. '몇+일'이 아니기 때문에 소리 나는 대로 적는 원리를 따른 것이다. 맞춤법에는 어디로부터 온 것인지 명확히 알 수 없을 때 우리가 소리 나는 대로 적도록 되어 있다. 우리가 소리를 내는 원리가 그대로 맞춤법에 반영된 것이다.

'뵈요'에는 무엇이 빠졌을까

　손 전화로 문자를 보낼 때 혼동되는 것들이 있다. 그중 하나가 '내일 봬요'다. 올바른 표기가 '뵈요(×)'인지 '봬요(○)'인지가 혼동되는 것이다. 예를 보자마자 비슷한 관계에 놓인 예가 떠오르길 기대한다. 맞춤법은 낱낱으로 존재하는 것이 아니라는 점을 강조한 바 있다. 비슷한 원리가 서로 관계를 이루는 다양한 예에 적용되기 때문이다.

　여기서 '되요(×), 돼요(○)'가 떠올랐다면 조금은 자부해도 좋다. 맞춤법 이해를 위한 관계 짓기 훈련을 제대로 하고 있는 것이니까. 거기서 한 걸음 더 나아가 '돼요'가 올바른 표기가 되는 이유도 함께 생각해 보자.

　먼저 '돼요'의 기본형부터 잡아 보자. '되다'다. 국어에는 '돼다'라는 말은 없다. '돼'는 '되어'의 준말이다. 우리가 '-어' 없이 '되-'를 쓰는 것은 마치 '밥을 안 먹어'를 '밥을 안 먹'이라고 쓴 것이나 마찬가지다. 우리가 그냥 '되요(×)'라고 말하는 것은 마치 '-어'를 빼고 '밥을 안 먹요(×)'라고 말한 것과 같다. 그럼 이것을 '내일 봬요'에 적용해 보자. 기본형을 잡는 것이 먼저다. '뵈다'가 기본형이다. 이 단어가 어색한 사람도 있을 수 있다. 하지만 이 말은 생각보다 흔히 사용되는 말이다. 예문을 보자.

- 그분을 뵈면 돌아가신 아버님이 생각난다.
- 어르신을 자주 뵈어야 하겠다고 결심했다.

바로 질문이 나와야 한다. 여기서 '뵈다'는 '보다'로 바꿔야 되질 않느냐고. 좋은 질문이다. '그분을 보면'이나 '어르신을 자주 보아야'로 바꿀 수 있다는 말이다. 문장은 된다. 하지만 예의 바른 것은 아니다. '그분'이나 '어르신'은 문장의 주어보다 높은 사람이다. 높은 사람에게는 '보다'를 쓰지 않고 '뵈다'를 써야 더 예의 바르다. 높임을 반영한 더 좋은 문장이 되는 것이다.

여기서 질문이 하나 더 나오면 좋겠다. '보는 상대'를 높이기 위한 말은 '뵙다'가 아닌가? 아주 멋진 질문이다. 단어들의 관계를 보는 멋진 한 걸음이기 때문이다. 그렇다. '보다'를 높이는 말에는 '뵙다'도 있다. 실은 '뵙다'에 '뵈다'보다 조금 더 높임의 의미가 들어 있다. '보다', '뵙다'의 관계는 '여쭈다', '여쭙다'의 관계와 같다. 둘 다 질문을 듣는 상대를 높이지만 '여쭙다'가 '여쭈다'보다 조금 더 높다.

기본형 '뵈다'를 확인했으니 '뵈요(×)'가 왜 잘못된 표기인지를 설명하기가 쉬워졌다. '뵈요(×)'로 적는 것은 마치 '안 먹요(×)'라 적은 것과 같다. '먹어요'에서 '-어'가 있어야만 우리말인 것처럼 '뵈-'에도 '-어'가 있어야만 올바른 우리말이 된다. '봬요'는 이 '뵈어요'의 준말이다. 손 전화의 문자는 구어를 그대로 반영하는 일이 많다. 구어에서는 준말을 쓰는 것이 일반적이니 '봬요'가 훨씬 더 많이 쓰이는 것이다.

'안 되'라고 적으면 안 돼

요새 어려운 맞춤법을 물으면 자주 등장하는 것이 '안 돼'다. 이 말을 '안되'라 쓸지, '안돼'라 쓸지, '안 되'인지 '안 돼'인지를 궁금해하는 사람들이 많다. 어떻게 적는 것이 올바른가? 먼저 기본형을 생각해 보자. 맞춤법을 알려면 기본형부터 확인하는 것이 좋다. 기본형은 '되다'다. '돼다'가 기본형인 말은 없으며 '돼'라는 말은 '되어'의 준말이다. 여기서 '되다'는 어떤 경우도 '안 되'처럼 '되-'로 끝날 수 없다. 여기 쓰인 '-' 표시 자체가 뒤에 어떤 말이 있어야 쓸 수 있다는 표시다. 문장을 만들어 보면 금방 확인이 가능하다. 여러분의 말로 실험해 보자.

"이거 먹을래?"

"안 먹어."(○) / "안 먹."(×)

'안 먹'이라 답했다고 생각해 보자. 우리는 이 말이 이상하다는 것을 금방 안다. '먹다'가 '먹-'만으로 나타날 수는 없다.

"그거 잘 되는 거야?"

"안 돼."(○) / "안 되."(×)

'안 되'라 쓰는 것은 '안 먹'이라 말한 것과 같다. 이것은 우리말의 질서가 아니다. 그래서 '안 되'가 잘못된 표기인 것이다. 여기서 질문이 두 개 나와야 한다. 이상한 점을 발견하고 질문해야 맞춤법을 이해하기가 더 쉬워진다. 첫 번째 질문은 '안 되(×)'는 '안 먹(×)'만큼 어색해 보이지 않는다는 것이다. 두 번째 질문은 '되어'가 '돼'로만 나타나는 것인가에 대한 것이다.

우리가 언제 어디서 '안 돼'라는 말을 쓰는지를 생각해 보자. 시, 소설, 수필이 아니라면 이 말이 문서에 나타나는 일은 거의 없다. '안 돼'라는 말은 구어 즉, 입말로 더 많이 쓰는 말이다. 그것이 이 질문과 어떻게 관련되는가? 첫 번째 질문부터 보자. '되'가 어색하지 않아 보이는 것은 발음 때문이다. 'ㅚ'와 'ㅙ'는 언뜻 듣기에 발음이 비슷해 보인다.

'내/네, 개/게'의 발음을 명확히 구분할 수 있는가? 우리말의 'ㅔ[e]'와 'ㅐ[ɛ]'의 구분이 점점 어려워져서 그것이 맞춤법의 오류로 나타나는 일이 많다. '되'와 '돼'가 혼동될 때 이들의 발음은 'ㅚ[we]'와 'ㅙ[wɛ]'다. 이 안에는 'ㅔ[e]'와 'ㅐ[ɛ]'가 들어 있다. 그래서 'ㅔ/ㅐ'만큼이나 구분이 어려운 것이다.

두 번째 질문 역시 구어라는 점과 관련된다. '되어'가 '돼'로만 나타난다고 생각하는 것은 구어만을 생각하기 때문이다. 잠시만 인터넷을 들여다보아도 수많은 '되어'를 만날 수 있다.

- 우리가 물이 되어 / 별이 되어라 / 사랑이 한이 되어 / 압류가 되어 있어서

물론 구어에서는 '돼'로 줄여 사용할 수 있다. 하지만 문서에서는 준말 사용을 삼가는 것이 일반적이다.

마지막 질문이 남았다. 그렇다면 왜 '안돼'가 아니고 '안 돼'인가? 간단하다. 띄어쓰기의 원칙을 확인해 보자. 단어는 띄어 씀을 원칙으로 한다. '안'과 '돼'는 각각의 단어이지 합쳐져 새로운 단어가 된 것이 아니다. 그래서 이들을 각각 띄어 쓰는 것이다.

맞춤법에 관심이 많은 사람은 이런 질문을 할 수도 있다. '잠이 안 깨'나 '잘 자'와 같은 말은 '깨다'나 '자다'가 어미 없이 나타난 예가 아닌가? 멋진 질문이다. 하지만 이들 뒤에는 표기상 생략된 '-어/아'가 있다. 그래서 발음이 좀 길어진다. 또 'ㅚ'는 이런 표기상의 생략이 허용되지 않는다.

'어떡해'는 '어떻게' 쓰나

• 공부를 하나도 안 했어. 어떡해?

이 경우, '어떻게'라고 써야 할까, '어떡해'라고 써야 할까? 이런 고민을 할 때 고려할 지점이 있다. 언제 이런 고민을 하는가? 주로 문자를 보낼 때나 SNS를 할 때다. 고민하는 상황이 언제인지를 아는 일은 중요하다. 이 상황 자체가 구어 즉, '입말'과 관련될 가능성이 높음을 알려 주기 때문이다. 구어의 맞춤법이 문어의 맞춤법보다 더 어렵게 느껴지는 일이 많다. 왜 그런가?

이를 제대로 이해하고 사용하려면 이 말들의 관계를 알아야 한다. '어떻게'의 기본형부터 보자. 이 말의 기본형은 '어떻다'다. 예를 몇 개만 옮겨 보자.

• 어떻든 ← 어떠하든
• 이렇든 ← 이러하든
• 저렇든 ← 저러하든

• 그렇든 ← 그러하든

단어는 홀로 존재하지 않는다. 언제나 서로 관계를 이룬다. '이렇다, 저렇다, 그렇다'처럼 '어떻다' 역시 '어떠하다'에서 'ㅏ'가 탈락하고 'ㅎ'이 남은 것이다. 우리는 '어떻다'를 일상에서 흔히 사용한다. 살아 있는 말이라는 의미다. 이런 말은 '어떻-'을 명확히 밝혀 적어야 한다. 그래야 의미 파악이 쉽다.

'ㅎ'을 밝혀 적지 않은 '어떡해'는 '어떻다'와는 다르다. 일단 기본형을 '어떡하다'로 잡아도 무슨 말인지 알기 어렵다. 표기가 의미 정보를 주지 않는다. '어떻게 하다'의 준말일 뿐이기 때문이다.

• 시험인데 어떻게 하지?
• 시험인데 어떡해?

문제는 구어에서는 준말이 훨씬 많이 쓰인다는 점이다. 게다가 두 말은 발음이 거의 비슷해 소리로 구별하기 어렵다. 'ㅎ+ㄱ'이든 'ㄱ+ㅎ'이든 모두 'ㅋ'이다. '어떻게'는 [어떠케]로, '어떡해'는 [어떠캐]로 소리 난다. 우리말 [애], [에]를 말소리만으로 구별하기가 어렵다는 점을 여러 번 강조했었다. 이 둘을 제대로 구별하기 위해서는 일상의 문장을 만들어 관계를 보아야 한다.

① 이 일을 어떻게 하지?

더 맞춤법

② 일을 못하면 어떡해.

　①의 '어떻게'는 문장 안에서 서술어 '하다'를 꾸미는 역할을 한다. 우리말 '-게'가 그런 역할을 하도록 만든다. 좀 더 어려운 말로는 '부사형 어미'라 한다. 말 그대로 부사처럼 행동하게 하는 말이라는 의미다. 그러니 꾸미는 말이 필요하다. ①에 '어떻게'가 꾸미는 '하다'가 보이는가? 반면 '어떡해' 속에는 이미 '해'가 있다. '어떡해'에는 이미 이 말 속에 서술어 '해'가 들었으니 뒤에 꾸미는 말이 필요 없는 것이다. 이 뒷말 '하다'와 '-게'의 관계를 이해하면 이들을 구별해 쓰는 것이 좀 더 쉬워진다.

　앞서 본 관계를 확장해 보자. '어떻게 하지'와 '어떻게 하든'의 준말은 뭘까? '어떻게, 어떡해'의 관계를 그대로 적용한다면 '어떡하지'와 '어떡하든'이라는 말을 이끌어 낼 수 있다. 하나의 단어 관계에서 다른 말을 이끌어 낼 수 있는 힘. 이것이 맞춤법을 제대로 배우는 방식이다.

'심문'을 할 때는 '유도'를 할 수 없다

인터넷 뉴스에서 검색한 예문들이다. 밑줄 친 부분을 수정해 보자.

- 제작진의 <u>유도심문</u>에 걸려들어 긍정적으로 답했다.
- 녹취하여 자기 유리한 쪽으로 <u>유도 심문</u> 했다.
- 기자가 <u>유도심문</u>을 통해 저를 엮으려고 하는 것도 경험했습니다.
- 피의자는 <u>유도 심문</u>을 주의하여야 한다.
- 마치 <u>유도심문</u> 같았다.

'유도 신문'이 맞는 표기다. 몇 가지 질문이 생겨야 한다. 쉬운 질문부터 풀어 보자. 왜 '신문'이 옳은가? 사전에 풀이된 의미부터 보자.

- 신문(訊問): 알고 있는 사실을 캐어물음.

이 의미를 '유도 신문'에 적용해 보자. '유도 신문'은 질문하는 사람이 이미 알고 있는 것을 묻는 것이니 이 단어를 '유도 신문'으로 적어야 함은 분명하다. 앞서 본 모든 예문은 '이미 아는 것을 이끌어 내는 상황'에 쓰인 말이다. '심문(審問)'에는 '이미 알고 있는 것'을 묻는다는 의미가 포함되어 있지 않다.

그런데 여기에 더 중요한 질문이 있다. 아주 많은 사람들이 '유도 심문'이라고 생각하고 또 그렇게 적는다. 왜 그렇게 많은 사람들이 별 의심 없이 그렇게 하는 것일까? 여기에는 우리의 발음 원리가 관여한다. '신문' 했을 때 가장 먼저 떠오르는 단어는 '신문(新聞)'이다. 말 그대로 소식을 전하는 정기 간행물이다.

여기서 주목해야 할 점은 '신문(新聞)' 역시 '신문(訊問)'처럼 [심문(×)]이라 발음하는 일이 많다는 점이다. 믿기 어렵겠지만 그렇다. 왜 그럴까? 자음 동화라는 현상을 생각해 보자. 입의 입장에서는 비슷한 발음을 연속해서 내는 것이 훨씬 편하다.

그래서 '국물'을 [궁물]이라 발음해 경제성을 추구한다. 발음을 할 때 가장 많이 쓰는 규칙이다.

그런데 입의 입장에서는 이 규칙으로 발음을 더 같아지게 하고픈 욕심이 있다. 그것이 훨씬 더 발음하기 편하니까. '신문'에서 'ㄴㅁ'을 'ㅁㅁ'으로 연이어 내는 것은 이런 욕심 때문이다. 일상 대화처럼 빠른 속도로 말을 주고받을 때는 이런 일이 훨씬 더 잦다. 예들을 몇 개 보자.

- 문법 → [문뻡(○)] / [뭄뻡(×)]
- 꽃밭 → [꼰빧(○)] / [꼽빧(×)]

[문뻡], [꼳빤]이 올바른 발음이지만 뒤에 오는 자음 'ㅂ'을 더 닮게 해 'ㅁ, ㅂ'으로 바꿔 발음하는 경우다. 이렇게 자음 동화를 지나치게 적용하여 발음하는 일은 생각보다 흔하다.

- 감기 → [감ː기(○)] / [강ː기(×)]
- 옷감 → [옫깜(○)] / [옥깜(×)]
- 꽃길 → [꼳낄(○)] / [꼭낄(×)]
- 젖먹이 → [전머기(○)] / [점머기(×)]

물론 표준 발음법에서는 허용하지 않는다. 귀의 입장에서는 알아듣기가 곤란해지니까. 그래서 우리는 무의식중에 '신문'과 '심문(審問)'을 구별해 발음하려 노력해 왔다. 그 노력이 원래 'ㄴ'으로 끝나는 단어인 '신문(訊問)'에까지 확대 적용된 결과가 '유도 심문'이다. '심문(審問)'과 '신문(訊問)'에 든 미묘한 의미 차이를 고려하지 않은 결과다. 언어는 언제나 소리와 의미의 관계로 묶여 있다는 것을 확인해야 할 대목이다.

'이따가' 대합실에 '있다가' 기차를 타렴

　문자를 보낼 때 혼동되는 것들이 있다. '이따가, 있다가'도 그중 하나다. '있다가'로 써야 할지, '이따가'로 적어야 할지 영 만만치가 않다. 혼동되는 것이 당연하다. 일단 이 둘은 소리가 같다. 같은 소리를 달리 적어야 하니 어려울 수밖에 없질 않은가?

　이런 문제를 풀 때는 둘 중 더 쉬운 것을 선택해 접근하는 것이 좋다. 무엇이 더 쉬운가? '있다가'가 더 쉽다. '있다가'가 들어 있는 문장을 하나 만들고 그 의미를 확인해 보자. 떠오르지 않는다면 검색해 찾아도 좋다.

> • 밧줄에 매달려 **있다가** 구조된 소년

　이 단어가 더 쉽다고 생각하는 이유는 뭘까? 우리가 '있다'라는 기본형에 익숙하고 이 단어가 '어느 곳에 머묾'의 의미를 갖는다는 것도 익숙하기 때문이다. 우리는 이 '있다'를 아래처럼 바꾸어 사용한다.

- 있다, 있고, 있으니, 있어서, 있더라도, 있으면, 있는, 있으므로, 있다가

　이런 여러 모양 중에서 마지막에 온 것이 '있다가'이다. '있-'에 '-다가'를 붙인 것이다. 여기서 '-다가'는 어떤 뜻인지가 궁금해지는 것이 순서다. 의미를 제대로 알려면 예를 생각해 보면 된다.

- 보다가, 놀다가, 듣다가, 살다가, 먹다가, 노래하다가, 공부하다가

　'-다가'의 뜻이 무엇인지를 확인할 수 있는가? 우리는 무엇인가가 중단되고 다른 것으로 바뀔 때 이 '-다가'를 붙여서 사용한다. '있-'과 '-다가'를 명확히 구분해 적어야 하는 이유는 우리가 이들 각각의 의미를 알기 때문이다. 분명하게 설명할 수 없다 할지라도 이것을 모르는 것이 아니다. 우리는 일상에서 이 '-다가'를 훌륭하게 사용하고 있다. 일상에서 훌륭하게 사용하고 있다는 것, 이것이 언어학적으로 그것을 제대로 안다는 의미다. 그렇다면 '이따가'는 이들과 어떻게 다를까? 역시 문장을 예로 들어 보자.

- 이따가 보자.
- 이따가 만나면 말해 줄게.

이 문장들에서 '이따가'는 앞서 본 '있다가'와는 의미가 다르다. '있다가'는 '어느 곳에 머묾'이라는 공간과 관련된 의미를 가지지만, '이따가'는 시간과 관련된 의미를 갖는다. 즉, '조금 지난 후에'라는 의미인 것이다. 그리고 이 단어는 언제나 뒤를 따르는 말을 꾸며 주는 역할을 한다.

'이따가 보자'에서 '이따가'는 '보다'를, '이따가 만나면'에서는 '만나다'를 꾸미는 것이다. 이런 역할을 하는 것은 부사다. '이따가'는 시간을 의미하는 부사인 것이다.

원래 '이따가'는 '있다'에서 왔다. 하지만, 시간이라는 새로운 의미가 포함된 부사로 변했다. 어원에서 멀어진 것이다. 그래서 소리 나는 대로 '이따가'로 표기해 '있다가'와 구분해 주는 것이다.

'이따가'와 '있다가'가 혼동된다면 당연히 '이따'와 '있다'도 혼동되기 마련이다. '있다, 이따'의 구분 방법 역시 '있다가, 이따가'와 동일하다. 실제로 '있다, 이따'의 의미 차이는 '있다가, 이따가'의 구분과 같다. '이따' 역시 시간과 관련된 의미를 갖는 부사다. 소리 나는 대로 '이따'로 적어야 한다. '있다'는 원래 의미를 그대로 가지므로 '있-'과 '-다'를 각각 밝혀 적는다.

국물은 '졸이고' 생선은 '조린다'

'졸이다'와 '조리다'는 어떻게 다를까? 소리로는 구분되지 않는다. 모두 '조리다'로 발음되니까. 둘 다 음식과 관련해 쓰는 말이어서 혼동되게 마련이다. 차이를 구분해 보자. 일단 둘은 음식 만드는 방식의 차이를 구분하는 말이다.

'졸이다'부터 보자. 표기 자체가 '졸-+-이-'를 구분해 적는다는 점에 주목하자. 구분해 적는다는 뜻은 '졸다'와 '-이-'에 모두 의미가 있다는 말이다. 그렇지 않으면 굳이 구분해 적을 필요가 없다. '졸이다' 안에 든 '졸다'의 의미부터 파악해야 '졸이다'의 의미를 알기 쉽다. '졸다'를 넣은 짧은 문장을 만들어 보자.

• 너무 졸아서 짜졌다.

이 문장은 어떤 의미인가? 물이 증발해서 더 진해짐을 말한다. 그러면 '졸이다'와는 어떻게 다를까? '졸이다'를 넣은 짧은 문장을 하나 더 만들어 보자. 앞의 문장을 활용해 만들어 비교하면 의미 차이가 분명해진다.

- 너무 졸이면 짜진다. → 졸게 하면

국어에 '-이-'는 두 개다. '~게 하다'의 의미를 갖는 사동과 '당하다'라는 의미의 피동이 그것이다. 여기서는 '~게 하다'의 의미이니 '졸이다'는 '졸다'의 사동사가 된다. '졸이다'는 음식을 할 때 국 등의 액체를 증발하게 한다는 의미로 쓰인다.

그렇다면 '조리다'는 이와 어떻게 구분될까? 우리가 생선조림을 할 때 어떤 행동을 하는지를 떠올리면 의미를 제대로 구분할 수 있다.

조림을 할 때는 양념 국물을 많이 넣지 않는다. 그 대신 바닥의 국물을 퍼서 생선에 얹는다. 양념이 생선에 배게 하는 것이다. 이 점이 '졸이다'와 '조리다'의 구분 지점이다. '졸이다'와 '조리다'는 액체가 줄어든다는 점에서는 같다. 하지만 '조리다'의 목적은 국물을 남기는 것이 아니다. 양념의 맛이 재료에 푹 스며들도록 바짝 끓여 내는 것을 지시한다. 아래 두 예문을 구분해 보자.

- 찌개 국물을 졸였다.
- 생선을 조렸다.

'감자조림, 생선조림'이라는 말이 올바른 맞춤법인 이유도 이와 관련된다. 여기서 질문 하나가 나와야 한다. 요리와 관련되지 않는 단어로도 '졸이다'가 있다. 예문을 보자.

　　• 아무런 연락이 없어 가슴을 졸인다.

'초조해하다, 애를 태우다'라는 의미의 단어다. 여기서 '애를 태우다'라는 단어를 보자.

　　• 애를 태우다 = 애를 끓이다

여기서 '애'는 원래 '창자'의 옛말로 오늘날에는 이렇게 '애를 태우다, 애를 끓이다'라는 표현에만 나타난다. 정말 창자를 끓이거나 태울 수는 없다. 비유적 의미로 쓰인다는 말이다. 앞서 보았던 '졸이다'라는 의미가 마음으로까지 확장되어 쓰인 것이라 해석할 수 있다.

5장

사전에 속지 말자
시간이 흘러 달라진 말

'너무'와 '별로'의 엇갈린 운명

몇 년 전만 하더라도 문법 시험에 자주 등장하던 문제가 있다. 문장 오류를 찾는 이 문제에 따르면 아래 문장은 모두 잘못된 것이다.

- 너무 반갑게 인사하더라.
- 너무 착하고 부모에게 효도하는 아들.
- 예뻐도 너무 예쁜 소녀다.

'너무'는 '일정한 정도나 한계에 지나치게'라는 말로 부정적 맥락에서 자주 쓰인다. 그러므로 '반갑다, 착하다, 예쁘다' 같은 말과 어울리면 어색하다. 하지만 이런 문제들은 더 이상 출제될 수 없다. 2015년 6월, 국립국어원에서 '너무'가 긍정적 용법에서도 사용될 수 있다고 허용한 것이다.

문장 규칙이 이랬다저랬다 하는 것은 분명 이상한 일이다. 또 갑자기 '이런 문장도 허용된다'고 발표된 것도 짜증 나는 일이다. 그러나 그 짜증에서 한 걸음 더 나아가는 것이 언어를 제대로 이해하는 길이라는 점을 기억하자. 언어 규범을 바꾼 것은 국립국어원이 아니라 우리말을 사용하는 우리다. 그리고 '어느 날 갑자기'가 아니라 '오랜 세월을 걸친 힘'이다. 어떤 의미인지 보자.

'너무'는 '넘다'로부터 온 단어다. 어떤 수준을 지나치게 넘치는 것은 부정적이라 인식하던 관념에서 본다면 '너무'의 부정적 사용법이 이해된다. 그러나 세월이 변하면서 우리의 언어 사용 방식이 달라졌다. 우리말을 사용하는 사람들이 '너무 예쁘다, 너무 착하다, 너무 반갑다' 같은 문장을 많이 사용한 것이다. 그것이 오랜 세월을 거치면서 '너무'에 관련된 우리말의 용법을 바꾸게 된 것이다. 국립국어원에서는 우리의 사용법을 확인하고 그 긍정적 용법을 인정하게 된 것이다.

그렇다면 이런 변화는 '너무'에만 한정되는 것일까? 그렇지 않다. 아래 문장을 보자.

• 새로운 대책이 별로 신통치 않다.

위 문장 속 '별로'는 항상 부정적인 단어와 함께 나타난다. 하지만 처음부터 그랬던 것은 아니다. 옛 문헌에는 아래와 같은 문장도 가능했다.

• 별로 맛이 있다.

별로는 '특별'에 쓰인 한자 '별(別)'에 우리말 '로'가 붙은 단

더 맞춤법

어다. 위 문장은 '특별히 맛이 있다'는 의미인 것이다. 오늘날에는 이런 문장은 불가능하다. 원래 긍정, 부정의 의미로 쓰였던 '별로'가 부정적으로 더 많이 쓰이면서 용법이 변화된 것이다. '너무'가 부정적으로만 사용되다가 긍정적으로도 사용할 수 있게 된 것과는 정반대의 변화다.

언어는 언제나 변화하고 있다. 그 변화들 중에는 '너무'나 '별로'처럼 문장 속 쓰임이 변화한 것들도 많다. 우리가 일상에서 흔히 쓰는 말이 이전에 쓰던 말의 규범을 바꿀 수도 있다는 의미다. 국어 정책의 목표는 쉬운 우리말, 편한 우리말, 나아가서는 품위 있는 우리말을 가꾸는 데에 있다 한다. '너무'의 긍정적 용법을 수용하게 된 것은 그 목표를 이루기 위한 여러 행동들 중의 하나다.

'맨날'로 변해 가는 '만날'

익숙한 것이 어떤 것인지 자신의 말을 확인해 보자.

① 만날 그 모양이다.
② 맨날 그 모양이다.

①이 더 익숙한 사람들은 문법에 관심이 많은 사람들이라고 칭찬받을 만하다. '만날'은 한자 '일만 만(萬)'에 고유어 '날'이 붙은 말이다. 이 어원만을 고려한다면 '만날'이 올바른 표기다. 실제로 이전에는 '만날'만을 표준어로 삼았었다. 하지만 일상에서 자신이 그렇게 말하고 있는지는 확인해 봐야 할 일이다.

요새는 '맨날'을 사용하는 사람이 많아지는 추세다. 그런 우리의 말소리를 반영하여 2011년, '맨날'도 표준어로 인정하게 됐다. 주목할 점은 '만날'과 '맨날'이 모두 표준어라는 점이다. '맨날'을 쓰는 사람들이 더 많아져 그 경향을 인정했다면 '만날'을 '맨날'로 대체하여야 하는 것은 아닐까? 그러지 못하는 사정이 있다. 첫머리에 '맨'을 가진 단어를 떠올려 보자.

• 맨눈, 맨다리, 맨땅, 맨바닥, 맨발, 맨손, 맨주먹

　새로운 말을 만드는 유용한 방식은 이미 있는 단어를 활용하는 것이다. 위 단어들은 원래 있던 말의 앞에 '맨-'을 붙여 새 단어를 만든 것들이다. '맨-'이 붙은 새 단어들에 공통적으로 어떤 의미가 생겼는지를 보자. 그 의미는 '다른 것이 없는'이라는 뜻이다. 언어학에서는 이렇게 다른 단어의 앞머리에 붙여 새 의미를 덧붙이는 형식을 '접두사'라 한다. 그냥 '말의 앞머리에 덧붙이는 말'이라 이해하면 된다.

　'맨-'이 갖는 일반적인 의미에 비춘다면 '맨날'은 정말 이상한 말이다. '맨날'의 '맨-'에는 접두사 '맨-'의 일반적 의미가 들어 있지 않으니까. 단어들은 서로 밀접한 관계를 맺고 있어 그 관계를 표기에 제대로 반영하여야 의미를 잘 전달할 수 있다. 그런데 '맨날'의 '맨-'은 접두사 '맨-'이 갖는 의미적 질서를 전혀 반영하지 않는다. 그러니 우리말의 '맨-'의 부류와 묶어서 규범을 지정할 근거는 없다. 2011년 이전에 '맨날'을 표준어로 삼기 어려웠던 것에는 이러한 사정이 들었다.

　그렇다면 '만날'과 '맨날'을 모두 표준어로 인정하게 된 현재에는 이것을 어떻게 해석해야 할까? 사실 크게 달라지는 것은 없다. 먼저 '만날'부터 보자. 이 단어가 여전히 표준어라는 점은 '일만 만(萬)'에 고유어 명사 '날'이 붙어 만들어진 단어라는 어원적 인식이 유효함을 반영한다. 이 단어처럼 한자어에 고유어가 합쳐져서 만들어진 단어들은 의외로 많다. '문소리, 툇마루'와 같은 것이 대표적이다. 그런 단어들 중의 하나가 '만

날'이다.

그러나 이제 '만날'의 동의어가 된 '맨날'은 '맨-'의 어원을 알 수 없는 단어가 된다. 재미있는 것은 아주 먼 훗날 우리의 후손들은 이 단어를 순수 고유어로 생각할 수도 있다는 점이다. '만날'을 사용하는 사람이 점점 줄고 있다. 동의어인 '맨날'에는 이미 '일만 만(萬)'의 의미가 없다. 의미적 연관성이 끊어진 지점에서 생기는 당연한 수순이다. 오늘날 아예 우리말화되어 한자어인지 인식되지 않는 다른 단어들처럼 말이다.

'먹거리'와 '먹을거리'가 보여 주는 우리말 원리

'먹거리'와 '먹을거리'를 보자. 언어의 기본 원리로 볼 때 이상한 일이다. 같은(비슷한) 의미를 가진 비슷한 모양의 말이 둘인 것은 경제적이지 않으니까. 실제로 2011년 이전만 해도 '먹거리'는 표준어가 아니었다. 여기에 두 가지 의문이 생겨야 한다. 왜 '먹을거리'만을 표준어로 삼았을까? 또 '먹거리'를 표준어로 받아들인 이유는 뭘까?

첫 문제를 풀기 위해 차이를 제대로 보자. 범위를 좀 넓혀서 생각하는 것이 중요하다. 우리가 어떤 방식으로 '거리'라는 말을 꾸미는가를 살펴보자.

① 국거리, 이야깃거리, 반찬거리, 군것질거리, 걱정거리, 근심거리
② 읽을거리, 볼거리 / 읽거리(×), 보거리(×)
③ 생각할 거리, 마실 거리, 구경할 거리

'먹을거리'는 어디에 해당하는지부터 보자. ②는 '읽-'에 '-을'이 붙어 '거리'를 꾸미는 관계다. '먹을거리' 역시 그렇다. 중요

한 것은 이런 관계 자체는 ③의 원리와 같다는 점이다. ②는 하나의 단어이고 ③은 그렇지 않다는 면에서 다를 뿐 ②, ③은 모두 우리말 동사, 형용사가 명사를 꾸미는 방식을 적용하고 있다.

그렇다면 '먹거리'는 어떤가? 이 단어가 ①의 원리로 결합된 것이라 생각해서는 곤란하다. 단어 ①의 첫 번째 요소는 모두 '명사'다. '명사'와 '명사(의존 명사)'가 결합한 것이기에 '먹-'과 '거리'의 결합과는 전혀 다르다. 오늘날 우리는 어미 없이 동사나 형용사로 명사를 꾸밀 수 없다. ②의 '읽거리(×)'나 '보거리(×)'와 같은 단어들을 보기 어려운 이유이기도 하다.

현재 우리말의 문장 속 질서는 동사나 형용사로 '거리'를 꾸미려면 '-ㄴ, -ㄹ, -는'과 결합해야 한다. 이 문장 속의 질서가 현재 새로운 단어를 만들 때 적용되기도 한다. 이것이 2011년 이전에 '먹거리'라는 단어를 표준어로 인정하지 않은 이유다. '읽을거리, 볼거리'처럼 '먹을거리'가 되어야 우리말다운 것이라 판단한 것이다.

그러면 2011년에는 왜 '먹거리'를 표준어로 인정한 것일까? 새로이 표준어로 인정했다는 말은 오늘날 우리가 이 단어를 많이 쓴다는 것을 인정했다는 의미다. '먹거리'와 '먹을거리'가 어느 정도 의미가 구분되어 쓰인다고 생각하고 둘 모두 사전에 올린 것이다. 둘의 의미가 사전에 나온 대로 구분되는지에 관심이 있는 사람이 있을 것이다. 그것은 그렇게 중요하지 않다. 이 두 단어의 경쟁 관계가 완전히 결론 나지 않아 보인다. 결론 나지 않은 상태의 단어 둘의 의미 구분을 위해 마구잡이로 외우는 것은 바람직하지 않다.

여기서 중요한 것은 오히려 '먹을거리'를 표준어로 삼았던 이유 자체다. '먹거리, 먹을거리'를 설명하기 위해 들었던 예들이 중요하다는 의미다. 그 단어들이 어떤 질서로 움직이는가, 이 안에 우리말의 원리가 들었다. 그래서 맞춤법에서는 특수한 몇몇의 사례보다 일반성을 가지는 많은 것들이 훨씬 중요하다. '거리'와 관련된 단어나 구 전체에서 '먹거리'라는 단어가 차지하는 비중을 생각해야 한다. 그래야 정작 중요한 것이 무엇인지가 보인다.

찬찬히 뜯어보면 어색한 '새롭다'

'새롭다'가 이상하다고 생각해 보았는가? 왠지 어울리지 않는다 생각할 수도 있다. 맞춤법 원리를 배우려는 지면이다. 어려운 맞춤법을 익혀 올바른 규범 생활을 실천하려는 마당에 '새롭다'를 논의하다니. 하지만 익숙한 단어 속 질서를 알아야 맞춤법을 제대로 이해할 수 있는 경우도 많다. 단어들의 관계를 제대로 보아야 한다고 거듭 말했다. 관계 안에서 '새롭다'가 갖는 특이성을 발견할 수 있어야 문법을 제대로 보는 눈이 생긴다. 유의미한 질문을 하려면 짝을 이루는 단어들을 떠올려 비교해 보는 것이 좋다.

① 지혜롭다, 슬기롭다, 자유롭다, 명예롭다, 향기롭다, 위태롭다, 풍요롭다, 신비롭다

② 새롭다

①, ②의 차이를 발견해 보자. 단어를 만드는 가장 쉬운 방법은 이미 있는 것을 활용하는 것이다. 이전 단어들과 관계를 맺

고 있어야 의미 전달에 유리하다. ①, ②의 예들 역시 마찬가지다. ①은 원래 있던 '지혜, 슬기, 자유' 등에 '-롭다'를 결합해 단어를 만들어 이전 의미와 연관 지을 수 있다.

그런데 '-롭다'가 연결되면서 달라진 점은 뭘까? '지혜'는 명사이지만 '지혜롭다'는 형용사이다. 품사가 달라졌다는 것은 문장 속의 역할이 바뀌었다는 의미다. ①의 모든 단어가 그렇다. 국어에는 ①처럼 'ㅇㅇ롭다' 구성의 단어들이 많다. 이제 ①의 단어들과 ②의 '새롭다'의 차이를 말할 수 있는가?

'지혜롭다'의 '-롭다'에 연결된 '지혜'는 명사이다. 명사들은 조사와 만나 '지혜가, 지혜를, 지혜와, 지혜보다'로 바뀌면서 문장 안에서 다양한 역할을 한다. ①의 '-롭다' 앞에 결합된 단어들이 모두 그렇다. 하지만 '새'는 다르다. 현대 국어의 '새'는 '관형사'다. 관형사는 절대로 조사와 만나지 못한다. 언제나 명사 앞에서 명사를 꾸며 주는 역할만을 할 뿐이다.

  • 새 건물, 새 차, 새 옷, 새 집

더 깊은 질문으로 들어가 보자. '-롭다'는 명사와 만나서 새로운 단어를 만드는 요소였다. '새롭다'를 보면 관형사의 뒤에도 '-롭다'를 붙여 새로운 단어를 만들 수 있는 것일까? 간단히 실험해 볼 수 있다. 관형사를 떠올리고 '-롭다'를 붙여 보면 되는 일이다. 국어에는 관형사가 그리 많지 않으니. '여러, 순(純), 온갖, 헌, 한, 두, 세, 다른' 등 어떤 관형사도 '새롭다'와 같은 방식으로 단어를 구성하지 못한다. 그러면 거꾸로 가 보

자. 혹시 옛말에 '새롭다'라는 단어가 만들어진 단서가 든 것은 아닐까? 우리 옛말을 볼 시점이다.

- 새와 놀ᄀ니와 → 현대역: 새것과 낡은 것과
- 이 나래 새롤 맛보고 → 현대역: 이날에 새것을 맛보고

500년 전의 우리말 문장들이다. 그 당시에 '새'는 조사와 함께 나타날 수 있었다. 즉, 관형사 '새'만이 아니라 명사 '새'도 있었다. 그렇기에 '새롭다'라는 단어가 만들어졌다. 세월이 흘러 명사 '새'는 사라졌지만 명사가 있던 시기에 만들어진 단어 '새롭다'가 여전히 사용되는 것이다. 단어 안에 옛 질서를 그대로 간직한 채로.

'짬뽕'은 먹고 '짜장면'은 먹을 수 없었던 사연

• 짜장면 먹을래, 짬뽕 먹을래?

익숙한 문장이다. 맞춤법을 준수한 문장이기도 하다. 이런 표기는 어렵지 않다. 맞춤법이란 이렇게 사용하는 사람에게 쉽고 편한 것이어야 하리라. 그런데 쉬운 것이 중요하지 않다는 의미는 아니다. 쉬운 것으로부터 문제를 제기할 수 있어야 한다. 그래야 맞춤법 본질에 더 가까워질 수 있다. 다음 문장을 보자.

• 자장면 먹을래, 짬뽕 먹을래?

역시 맞춤법을 준수한 문장이다. 누군가는 화를 낼 수도 있다. '자장면'이 '짜장면'으로 바뀐 게 언제인데, 이 문장이 올바르다는 것인가?

2011년 짜장면은 표준어가 되었다. 그런데 많은 사람들은 자장면 대신에 짜장면이 표준어가 된 것이라 생각한다. 그렇지 않다. 자장면과 짜장면이 모두 맞는 말이다. 짜장면이 표준어인가 아닌가보다 더 중요한 것이 왜 이런 일이 생기는가다. 이 문제를 풀려면 애초에 왜 자장면이 표준어인가가 궁금해져야 한다. 이 안에 규범을 정하는 태도가 들어 있기 때문이다.

단어는 혼자 존재하지 않는다. 짜장면 역시 마찬가지다. 짜장면과 관련된 규칙이 적용되는 다른 단어들을 함께 생각해야 한다. 하나의 단어에만 적용되는 원리는 원리가 아니니까. 그러면 왜 자장면이 표준어일까? 자장면은 외래어이다. 원어는 '炸醬麵(zhajiangmian)'이다. 외래어 표기를 할 때는 원어가 어떤 것인가도 중요한 역할을 한다. 예를 하나 들어 보자.

'game(게임)'이나 'bus(버스)'는 어떻게 발음하는가? 실제로 '께임'이나 '뻐쓰'로 발음되는 일이 많다. 발음대로 '께임'이나 '뻐쓰'로 적는다면 어떤 문제가 발생할까? 영어에서 온 'g'나 'b'를 모두 'ㄲ', 'ㅃ'으로 적어야 하는 일이 생긴다. 어떤 'g, b'는 'ㄲ, ㅃ'으로, 어떤 'g, b'는 'ㄱ, ㅂ'으로 적는 일은 너무 복잡한 일이다. 때문에 그것이 받아들여지지 않는다.

외래어 표기법에서는 이런 표기를 된소리(ㄲ, ㄸ, ㅃ, ㅆ, ㅉ)로 쓰지 않는 것을 원칙으로 한다. 그래서 이들을 버스, 게임이라고 적는 것이다. 짜장면에 이 원리를 적용해 보자. 이 단어의 첫소리를 'ㅉ'으로 적는다는 것은 이 소리를 갖는 단어는 모두 'ㅉ'으로 적겠다는 의미다. 모든 'zh'를 'ㅉ'으로 적을 수는 없다. 그래서 'ㅈ'으로 적는 원칙을 반영한 것이다. 이것이 2011년 이전, 자장면이 표준어로 지정된 이유다. 단어들 간의 관계를 살핀 표기인 것이다. 그리고 자장면이 여전히 표준어인 이유이기도 하다.

그렇다면 2011년 짜장면이 표준어가 될 수 있었던 이유는 무엇인가? 역시 단어들 간의 관계로 이해해 보자. '짬뽕' 역시 외래어다. 그런데 왜 '잠봉'이나 '잠뽕'이 아닐까? 이 단어의 원어는 'champon'이다. 'ch'와 'ㅉ' 소리는 거리가 멀다. 원어와 발음이 현저히 달라진 것이다. 국어에서 이미 우리 발음으로 굳어진 외래어는 소리대로 적는다. 그래서 짬뽕이 표준어인 것이다. 짜장면을 받아들일 수 있게 된 원리도 같다. 짜장면을 우리 발음으로 굳어진 외래어로 받아들인 것이다.

6장

____

글자에 속지 말자
문장 안에서 잘못 쓰인 말

시킨 적이 없는데도 '시켰다'니?

아래 문장이 잘못되었다는 것은 금방 안다.

　• 사람 좀 소개시켜 줘.

틀린 이유도 분명히 말할 수 있는가? 이유를 분명히 말할 수 있어야 제대로 아는 것이다. 제대로 알아야 관련된 다른 문장들도 올바르게 표현할 수 있다. 무의식중에 일어나는 잘못된 습관들도 교정할 수 있다. '시키다'의 뜻은 무엇인가부터 짚는 것이 좋다. '다른 사람에게 어떤 행동을 하게 한다'는 뜻이다. 여기서 '~하게 함'에 주목하면서 문장 속의 '시키다'에 대입해 보자.

　• 사람 좀 소개시켜 줘.(×)
　→ 사람 좀 소개하게 해 줘.(?)
　→ 사람 좀 소개해 줘.(○)

첫 문장의 '소개시켜 주다'라는 말이 '소개해 달라'는 의도와 전혀 다르게 '(말하는 사람이) 사람을 소개하겠다'는 의미로 둔갑한 것이 보인다. 여기까지는 아주 쉽다. 그렇게 쉬운 것을 왜 알아야 할까?

문장에서 가장 중요한 것은 말하고자 하는 바다. 말하고자 하는 바를 그대로 문장에 반영해야 오해가 생기지 않는다. 너무 당연한 말로 들릴 수 있다. 하지만 일상생활에서 자기 문장의 목적을 잊는 경우는 생각보다 잦다. 그래서 전혀 엉뚱한 표현을 하게 되는 일도 흔하다.

일상에서 흔히 만나는 잘못된 문장 하나를 보자.

- 부모가 자식을 교육시키는 방식이 잘못되었다.(×)
→ 부모가 자식을 교육하게 하는 방식이 잘못되었다.(?)
→ 부모가 자식을 교육하는 방식이 잘못되었다.(○)

'시키다'의 의미를 생각하면 틀린 것이 분명한 문장이다. 그런데도 왠지 올바른 문장이라고 생각하는 사람이 있을 수 있다. 그런 사람은 문맥상 생략된 것을 추측해 이 문장을 해석한 것이다. 위의 문장이 올바르려면 밑줄 친 부분이 생략된 경우여야 한다.

- 부모가 교육자로 하여금 자식을 교육시킨다.
= 부모가 교육자로 하여금 자식을 교육하게 한다.

올바른지 그렇지 않은지의 판단 기준은 이 말을 하는 목적이다. 부모가 하는 교육 자체를 지시하고자 하였다면 앞선 문장은 잘못된 것이다. 게다가 공식적 언어 활동에서는 중요 부분을 생략하지 않아야 한다. 그래야 정확한 정보 전달이 가능해지니까.

여기서 조심할 점은 앞선 논의를 확대하여 '○○시키다'라는 단어 자체가 틀린 것이라 생각해서는 안 된다는 점. '시키다'가 결합되어 '~하게 하다'라는 의미의 단어를 만드는 것은 흔한 일이다. 국어에서 유용한 문법이라는 의미다. 아래 단어들을 보자.

- 등록시키다 → 등록하게 하다
- 이해시키다 → 이해하게 하다
- 진정시키다 → 진정하게 하다
- 집합시키다 → 집합하게 하다
- 취소시키다 → 취소하게 하다

새로운 단어를 만들 때 이전 단어를 활용하는 것은 아주 유용한 문법이라 했다. 그래야 기존 단어의 의미를 활용할 수 있기 때문이다. 언제나 주의할 점은 자신이 하고자 하는 말의 목적을 염두에 두면서 정오를 판단해야 한다는 것이다.

소똥에서 풍기는 것은 '내음'일까 '냄새'일까

'소똥 내음'이라는 말을 보자. 이 말은 잘못된 표현일까? 사전 속에 '내음'은 '코로 맡을 수 있는 나쁘지 않거나 향기로운 기운'으로 되어 있다. 이 의미에 따라 '소똥 내음'은 잘못된 표현이라고 판단해야 하는 것일까? 시는 그냥 느끼는 것이라 한다.

그렇다면 아래와 같은 시에서는 가득한 향기를 오롯이 맡는 것이 시를 제대로 느끼는 것이리라.

새로 피는 꽃내음과 아기 비내음과
나무내음과 바람내음이 살을 섞은 이 봄 공기는
무한히 충만해 있으면서 비어 있는 유마힐의 공기.
해마다 네게 드리고픈 선물은 오직 이것뿐.
—나태주, 〈새로 피는 꽃내음〉(1979년 작)

문제는 국어학 전공자로서 가끔 시심을 깨뜨리는 말도 하게 된다는 점. 불과 몇 년 전만 해도 이 '내음'은 맞춤법에 어긋나는 단어였다. 그러니 1979년에 나온 이 시의 '내음'은 모두 비

표준어다. 당시 표준어는 '냄새'다. 그러면 이 시의 '내음'을 모두 '냄새'로 바꾸어야 할까? 이 생각을 하는 순간 이미 시심은 다 깨지고야 만다.

괜히 '내음'을 모두 '냄새'로 바꾸어야 하는가를 고민할 필요는 없다. 이 언어들은 심미적 영역으로 '시적 허용'의 대상이 되는 것들이니까. 엄밀하게 표준어적인 접근을 한다 할지라도 현재의 우리는 모든 '내음'을 '냄새'로 바꾸는 만행을 저지르지 않아도 된다. '내음' 역시 지금은 표준어로 인정되었으니까.

그렇다면 '내음'이 표준으로 인정된 이유는 무엇일까? 우리가 쓰는 말 때문이라는 것을 여러 번 언급한 바 있다. '내음'의 인터넷 검색 결과를 참조해 보자. 정말 많은 '내음'이 나온다.

우리가 이 말을 얼마나 많이 사용하는가를 확인할 수 있는 현장이다. 몇 개만 소개해 보자.

> • 강 내음, 가늘한 내음, 가을 내음, 들 내음, 봄 내음, 사람 내음, 산 내음, 풀 내음, 흙 내음

주로 동아리 이름이나 블로그 이름들이다. 여기의 '내음'을 '냄새'로 바꾸어 보자. 이전 느낌이 그대로 살아남는가? 그렇지 않다. 우리가 일상적으로 사용하는 이름 안에도 '내음'이라는 단어가 살아 있다는 증거다. '내음'이라는 단어의 의미를 확인해 보자.

> ① 어디서 부패한 내음(×)이 난다.

② 어디서 부패한 냄새(○)가 난다.

①은 어색하지만 ②는 그렇지 않다. '내음'과 '냄새'가 구분되는 의미역을 가진다는 의미다. '냄새'에는 대상이 되는 냄새가 좋은지 나쁜지에 대한 것은 포함되지 않는다. '내음'은 좀 다르다. ①이 이상한 것은 '내음' 자체가 가진 긍정적 어감 때문이다. 우리의 언어 사용법이 이런 구분을 포함하고 있는 것이다.

다시 '소똥 내음'을 보자. '소똥' 자체가 부정적이라고 하여 이를 '냄새'로 수정해야 할까? 그렇지 않다. 이 말을 쓰는 사람이 추억의 대상으로서의 긍정적 대상이라 생각한다면 얼마든지 허용 가능한 표현이다. 우리가 일상 언어에서 이런 방식의 문학적 표현을 쓴다는 것은 좋은 일이다. 우리가 딱딱한 맞춤법의 세계에 갇힌 이 순간에도 우리의 마음을 말랑말랑하게 달래 주는 것이 시의 언어이자 시심이니까.

두 가지 '안다'

① 희망을 <u>안다</u>
② 희망으로 <u>안다</u>

①은 [안다]로, ②는 [안따]로 소리 낸다. 이 광고의 모델인 김연아를 포함해 우리 모두 그렇게 발음한다. 이 둘이 소리가 다른 이유는 뭘까? 다른데도 같은 모양으로 적는 이유는 뭘까?

첫 번째 문제에 대해 누군가는 이렇게 답할 수 있다. 다른 단어이니 발음이 다른 것이 당연하지 않은가. 멋진 답이지만 충분하지는 않다. 모든 단어가 각기 다른 원리로 소리가 나는 것은 아니다. 아래 예를 보자.

• 안다[안따], 안고[안꼬] / 신다[신따], 신고[신꼬]

'안다'와 '신다'는 다른 단어다. 그런데 똑같이 된소리 규칙이 적용되었다. 한국어를 모국어로 하는 모든 사람의 머릿속에 이들을 묶는 규칙이 들었기에 생기는 일이다. 'ㄴ'이나 'ㅁ'으로 끝나는 동사나 형용사 뒤 첫소리를 된소리로 만드는 규칙이다. 광고 문구의 ①이 된소리가 나지 않는 이유를 알았다. '알다'에는 원래 'ㄴ'이 없으니 된소리 현상이 일어나지 않는 것이 당연하다.

이즈음 되면 한숨이 나온다. '동사, 형용사'에 'ㄴ, ㅁ으로 끝나는'까지. 이건 너무 복잡하지 않은가. '동사'나 '형용사'라는 말을 하는 이유부터 보자. 이상하게도 이 된소리 현상은 '동사'나 '형용사'에서만 일어난다. 'ㄴ'과 'ㅁ'으로 끝나는 명사에 'ㄱ'이나 'ㄷ'을 연결해 보자.

ㄱ 신(鞋), 안(內): 신과[신과], 신도[신도] / 안과[안과], 안도[안도]
ㄴ 몸(身), 밤(夜): 몸과[몸과], 몸도[몸도] / 밤과[밤과], 밤도[밤도]

ㄱ, ㄴ은 'ㄴ, ㅁ'으로 끝났지만 된소리가 나지 않는다. 아래처럼 동사나 형용사는 모두 뒤의 '-다'가 된소리가 되는데 말이다.

• 신다[신따], 안다[안따], 담다[담따], 넘다[넘따]

동사니 명사니 하는 말이 이 규칙 설명에 필요한 이유다. 그러면 "'ㄴ'이나 'ㅁ'으로 끝나는"이라는 말이 필요한 이유를 보자. '안다'는 '안-' 속에 모든 의미가 들어 있다. 국어의 동사, 형용사는 어미 없이 설 수 없기에 '-다'를 붙인 것뿐이다. 그러

더 맞춤법

니 "'ㄴ'이나 'ㅁ'으로 끝나는"이라는 말은 이 '-다' 앞이 'ㄴ'이나 'ㅁ'인 것들이라는 의미다. 아래 예를 보자.

- 신기다[신기다], 안기다[안기다], 담기다[담기다]

이 단어들에는 앞서 본 '신다, 안다, 담다'가 들었는데도 된소리 발음이 나지 않는다. 왜 그런가? 이들 단어는 '신기-, 안기-, 담기-'로 모두 '기'로 끝나는 동사들이다. 환경이 다르니 규칙이 적용되지 않은 것이다.

이 복잡한 현상을 외워야 하는가? 그렇지 않다. 거듭 말하지만 표기법은 언제나 말소리로부터 출발한다. 우리는 이 복잡한 규칙을 무의식적으로 활용해 정확히 발음해 낸다. 이렇게 발음하는 것은 표기에 반영하지 않는다. 반영하지 않더라도 우리의 발음과 멀어지지 않기 때문이다.

'벗겨진 가발'과 '벗어진 가발'의 차이는 뭘까

'벗겨진 가발'과 '벗어진 가발' 중 어떤 말이 맞을까? 둘 다 맞다.

- 갑자기 벗어진 가발 때문에 난감했다.

'벗다-벗어지다'의 관계는 주어의 의지와 연관된다. 주어 스스로 행동하면 '벗다'이지만, 주어의 의지 없이 벌어지는 상황이면 '벗어지다'다. 그래서 '벗어지다'는 '벗다'의 피동이라 한다. 그런데 아래와 같은 문장도 가능하다.

- 바람에 벗겨진 가발 때문에 난감했다.

둘은 무엇이 다를까? 기본형 '벗어지다'와 '벗겨지다'에서 차이를 발견해 보자. '벗어지다'는 '벗-어지다'인데 '벗겨지다'는 '벗-기-어지다'다. 이 두 단어의 차이는 '-기-'가 들어 있느냐 그러지 않느냐로 구분된다. 이 '-기-'는 뭘까? '벗기다'로 확인해 보면 이 '-기-'의 정체를 알 수 있다.

> • 아이가 옷을 벗다.
> • 아이의 옷을 벗기다. → 아이가 옷을 벗게 하다.

위의 문장들은 '-기-'가 '~게 하다'의 의미라는 점을 알 수 있게 한다. 이 '~게 하다'의 의미를 문법적으로 표현하면 '사동'이다. 여기서 '사(使)'는 '시키다'의 의미를 갖는 것이다. 이 '벗기다'에 '피동'의 '-어지다'가 붙은 것이 '벗겨지다'인 것이다. '벗다-벗어지다-벗기다-벗겨지다'의 관계는 아래 표처럼 정리할 수 있다.

능동/주동	피동	사동	사동사의 피동
벗다	벗어지다	벗기다	벗겨지다

문제는 '벗어진'과 '벗겨진'을 실제에서 어떻게 구별하는가이다. 사전에서도 두 단어를 유의어로 보기도 한다. 다만 '벗겨지다'는 '가발이 벗어지게 한 주체'와 함께 나타난다.

> • 바람에 벗겨진 가발 때문에 난감했다.

문장에 가발이 벗어지게 한 장본인인 '바람'이 명확하게 드러나 있질 않은가. 이러한 차이는 '맞다 틀리다'를 결정할 수 있는 수준은 아니어서 단순화할 수 있는 것은 아니다. 여기서 너무 어렵다는 반응이 나올 수 있다. 어려운 것은 어렵다고 인정하자. 더 중요한 것은 '벗어지다-벗겨지다'를 구분하는 어려움은 '벗다-벗기다'나 '벗다-벗어지다'를 구분하는 것만큼 중요하지는 않다는 점이다. 특수한 몇몇의 어려움은 더 일반적인 것의 어려움보다는 중요하지 않다. '일반적 예는 아니니 어렵긴 해도 너무 괴로워하지 말자' 하며 그냥 이렇게 생각하는 것도 문법에 접근하는 방법 중 하나다.

　문법 공부를 많이 한 사람은 '벗겨지다'를 이중 피동으로 보아 틀린 말이 아닌가를 의심할 수 있다. 하지만 '벗기다'는 사동사이기에 피동의 '-어지다'가 붙는 것은 그리 어색한 일은 아니다.

부모'에게' '에'를 붙이면 잘못

- 나라에 충성, 부모에 효도!

많이 들어 본 말이다. 화랑이 지켜야 할 다섯 가지의 계율 중 두 가지이다. 그런데 여기에 맞춤법이 틀린 부분이 있다. 어디가 틀렸을까? '부모에'가 잘못된 부분이다. 언제나 그렇듯 어디가 틀렸다는 것보다 왜 틀렸는가가 더 중요하다. 원인을 분명히 알아야 관련된 다른 맞춤법으로 확대해 적용할 수 있기 때문이다.

맞춤법을 제대로 알기 위해서는 해당 단어를 포함한 문장들을 생각하는 것이 좋다 했다. 자신이 떠올린 문장 안에 우리가 사용하는 말의 규칙이 들어 있으니까.

'부모에'가 들어가는 문장을 생각해 보자. 금방 떠오르지 않는다면 인터넷에서 '부모에'를 검색해도 좋다. 인터넷 검색 결과는 우리가 이 말을 어떤 방식으로 사용하는가를 보여 주는 일이 많다. 검색할 때 주의할 점은 '부모에' 뒤에 띄어쓰기를 넣지 않는 것이다. 그래야 '부모에게, 부모에도, 부모에서' 등

다양한 예들을 검색할 수 있다. '부모'라는 단어가 어떤 조사와 어울리는가를 알기 위한 열린 검색 방법이다.

검색 결과에서 우리가 주목해야 하는 것은 '부모에게'다. '부모'에 '에게'가 연결되는 빈도가 압도적으로 높다. 그리고 그 빈도수가 말하는 바대로 우리가 '부모'를 대상으로 무엇을 드릴 때는 '에게'를 쓰는 것이 맞다. '나라에 충성, 부모에 효도(×)'는 '나라에 충성, 부모에게 효도(○)'라고 써야 올바른 표기인 것이다. 국어의 '에'는 '에게'와 짝을 이루면서 엄격하게 구별되어 쓰이는 것이다. 예문을 보자.

- 화분에 물을 자주 준다.
- 강아지에게 물을 자주 준다.
- 자기 일에 열정을 쏟는다.
- 자기 자식에게 사랑을 준다.

이 문장들에서 '에'는 감정이 없는 대상 뒤에만 쓰인다. 감정이 없다는 의미를 한자어로 말하면 '무정물'이다. 그 반대말은 '유정물'이다. 앞에 유정물이 오는 경우에는 '에게'를 쓴다. 앞서 검색 결과에서 우리가 보았던 '부모에게'는 '부모'가 유정물이기 때문에 '에게'를 쓴 예들이다. 무정물 뒤에 '에게'를 쓰거나 유정물 뒤에 '에'를 쓰면 잘못된 문장이 되는 것이다. 역시 예를 보자.

- 화분에게 물을 자주 준다.(×)

- 강아지에 물을 자주 준다.(×)
- 자기 일에게 열정을 쏟는다.(×)
- 자기 자식에 사랑을 준다.(×)

　무정물인 화분이나 일에 유정물에 붙는 조사인 '에게'가 쓰였다. 또 유정물인 '강아지'나 '자식'이란 단어에 무정물에 붙는 '에'가 쓰였다. 모두 잘못된 문장들이다. '에게'와 '에'를 수정해야 올바른 문장이 된다.

　앞으로 아래와 같은 문장들을 쓸 때 좀 더 주의를 기울일 필요가 있다.

- 정부 당국에게 책임을 물었다.(×)
→ 정부 당국에 책임을 물었다.(○)

우리는 어떤 민족입니까

우리는 '문장'이라는 말을 정말 많이 쓰지만 정작 그 뜻에 대해서는 생각해 본 적이 별로 없다. 문장은 '생각이나 느낌의 최소 완결체'로 정의된다. 문장 뒤에 쓰는 마침표는 그 '최소 완결'임을 보이는 표지다. 정확한 언어생활을 하려면 문장이 '최소 완결형'이 되고 있는가를 판단하는 것이 중요하다.

문장 속에 나타나는 단어들의 관계를 읽는 것이 그런 판단에 도움을 준다. 컴퓨터가 발견하지 못하는 문장 오류 하나를 예로 들어 보자.

- 우리나라는 예로부터 풍류를 즐길 줄 아는 민족이다.

문장이 제대로 완결되게 하는 활동이 규범에 맞는 언어생활의 시작이라 했다. 어떤 관계를 먼저 보아야 할까? 이에 대한 답은 쉽다. 우리는 문장에서 주어와 서술어가 가장 중요하다는 것을 안다. 당연히 문장 안의 관계는 주어와 서술어의 관계 보기부터 시작된다.

더 맞춤법

문장의 전체 주어는 '우리나라'이고 서술어는 '민족이다'다. 민족은 구성원을 가리키는 말이니 '나라'와 직접 대응하기 어렵다. '민족이다'와 제대로 어울리는 주어를 만들기 위해 '우리나라'를 '우리'로 바꿔 보자.

> • 우리는 예로부터 풍류를 즐길 줄 아는 민족이다.(○)

이런 수정은 관계를 제대로 보아 정확한 문장을 만드는 기초다. 맞춤법을 문장의 영역으로까지 확장해야 보다 정확하고 유용한 언어생활을 할 수 있다는 의미다. 컴퓨터는 아직 이런 판단에 미숙하다. 그러니 우리가 문장을 만들면서 관계를 명확히 해 완결하는 과정을 거치는 수밖에 없다. 여기서 이상한 질문 하나를 해 보자.

> • 우리나라는 민족이다.(×) → 우리는 민족이다.(?)

'우리는', '민족이다'는 제대로 된 호응 관계라 했다. 그런데 왜 '우리는 민족이다'는 어색한 것일까? 많은 사람들이 '짧은 문장'이 좋은 문장이라 한다. 그래서 문장을 짧게만 쓰려고 애쓰는 사람들도 많다. 한국어에서 가장 짧은 문장은 주어와 서술어로만 이루어진 문장이다. '우리는 민족이다'와 같은 문장이 이에 해당한다.

하지만 이런 홑문장은 정보를 많이 포함하기가 어렵다. 좀 더 정확한 정보를 전달하기 위해서는 앞선 문장의 '예로부터 풍류를 즐길 줄 아는'처럼 꾸며 주는 말이 있어야 정확해지는 경우도 허다하다. 때로 조금 더 긴 문장이 정확한 전달을 돕는다는 말이다. 혼란이 온다. 어떤 사람은 문장을 짧게 쓰라 하고 어떤 사람은 조금 더 긴 문장이 정확할 수도 있다고 한다.

　이런 모순된 견해들 안에서 우리는 어떤 기준으로 문장을 만들어야 할까? 판단 기준은 의외로 간단하다. 우리가 그 문장에서 '말하고자 하는 바'가 기준이 된다. 너무도 당연한 말이다. 그런데 맞춤법을 다루면서는 이 사실을 간과하는 경우가 많다. 맞춤법은 정확하고 유용한 표현을 위해 규정한 것이다. 그리고 '자신이 말하고자 하는 바'의 '최소 완결'을 구현하는 활동이 문장을 만드는 일이다.

　'자신이 말하고자 하는 바' 그리고 '자신이 만드는 문장'. 이 둘 간의 관계를 명확히 조율하는 활동이 정확한 언어생활을 위해 우리가 가장 주목해야 할 지점이다.

'운명을 달리했다'고 죽은 것은 아니다

최근 신문에 실린 기사문이다. 밑줄 친 ①, ②에 주목하면서 오류를 찾아보자.

- 김제시 한 주택에서 불이 나 아버지와 아들이 숨졌다.(①) 소방 당국 등에 따르면 이날 오후 7시 24분께 김제시 한 단독 주택에서 불이 나 안 모 씨(58)와 아들(26)이 운명을 달리했다.(②)

①과 ②를 같은 의미라 생각한다면 오류를 제대로 찾을 수 없다. '숨지다'와 '운명을 달리하다'는 같은 의미가 아니기 때문이다. 이 말이 이상하게 들리는 사람이 있을 수도 있다. 그만큼 오류인지 모르고 사용하는 경우가 많다는 의미다. 최근의 뉴스 기사만을 검색해도 '운명을 달리하다'를 '죽다, 숨지다'의 뜻으로 잘못 표현한 것을 수백 건 발견할 수 있다.

아래 문장이 올바른 문장으로 해석될 수도 있다.

- 두 사람이 운명을 달리했다.(△)

하지만 뜻은 밑줄 친 ②처럼 두 사람이 모두 죽었을 경우에는 쓸 수 없다. 누군가가 언제 태어나서 언제 어떤 일을 겪고 어떻게 죽는가가 정해져 있다고 쳤을 때 우리는 이를 '운명'이라 말한다. '운수'나 '운'과 비슷한 말로 쓰이는 것이다.

이 의미를 그대로 위 기사에 적용해 보자. ②는 아버지와 아들의 운명이 다르게 되었다고 해석되어야 한다. 둘 중 한 사람은 살아났다는 의미로 해석된다는 것이다.

물론 이렇게 둘의 운명이 갈렸다는 뜻으로 '운명을 달리하다'라는 말을 사용하는 일은 거의 없다.

그냥 '운명을 달리하다'라는 어구 자체를 '죽었다'라는 의미로 쓰려고 하는 일이 훨씬 더 많다. 왜 이런 잘못된 표현이 생긴 것일까? '운명'이라는 단어는 동음이의어다. 음이 같고 의미가 다른 단어가 두 개라는 말이다.

- 운명(運命): 이미 정해져 있는 삶과 죽음에 관련된 처지.
- 운명(殞命): 사람의 목숨이 끊어짐.

위에서 죽음과 관련된 의미는 '운명(殞命)'으로, '사망'과 같은 뜻이다. 이 단어는 '달리하다'라는 말을 덧붙일 필요 없이 '죽음'을 의미한다.

- 어젯밤에 운명하셨습니다.(○)
- → 어젯밤에 운명을 달리하셨습니다.(×)

그런데도 우리는 '운명을 달리하다'로 써서 '죽다'의 의미로 잘못 쓰는 것이다. '~을 달리하다'를 사용해 '죽음'을 표현하려면 아래처럼 써야 한다.

- 어젯밤에 유명을 달리하셨습니다.

'유명(幽明)'은 이승과 저승을 함께 가리키는 말이다. 그러니 '유명을 달리하다'는 이승 세계에서 저승 세계로 갔다는 의미가 되는 것이다. 이 말은 '운명하다'처럼 '유명하다'라고 표현할 수 없다. '달리하다'라는 말이 같이 붙어야 죽음을 의미하는 '운명하다'와 같은 의미가 될 수 있는 것이다.

7장

습관에 속지 말자
무심코 잘못 쓰는 틀린 말

'가능한 빨리' 잊을 수는 없어

가까운 사람이 어려운 일을 당했을 때 위로하려 흔히 쓰는 말이 있다.

- 그런 일은 가능한 빨리 잊으렴.(×)

시험을 출제하는 위원들은 시험 해설에서 이런 말을 하기도 한다.

- 이번 시험은 가능한 쉽게 냈다.(×)

둘 모두 문법적으로 틀린 것들이다. 어느 부분이 왜 틀린 것인지를 금방 찾아낼 수 있다면 자부심을 가져도 좋다. 그만큼 우리 문법에 관심이 많은 사람이니까. 그러나 금방 찾아내지 못하였다 하여 좌절할 필요는 없다. 우리는 이 문장이 왜 틀렸는지를 확인할 수 있는 도구를 이미 가졌다.

우리가 '가능한'과 같은 형식을 어디서 어떻게 쓰는가를 자세히 보면서 우리말 달인의 능력을 발휘해 보자. '가능한'의 기본형 '가능하다'는 주로 서술어로 쓰는 단어다.

· 오늘 내로 그 문제를 푸는 것이 가능하다.

그런데 '가능하다'가 아니라 '가능한'이라는 모양으로 이 단어를 쓸 때 달라지는 점은 무엇일까? 이 말은 '가능하-'에 'ㄴ'이 붙으면 어떤 역할을 하게 되는가에 대한 질문이다. 이런 어려워 보이는 질문은 예문으로 풀어야 한다.

· 가능한 질문, 가능한 사안, 가능한 일정, 가능한 직무, 가능한 업종, 가능한 사람

예들의 공통점은 무엇인가? 모두 명사를 꾸민다. 국어의 모든 동사와 형용사는 뒤에 명사를 꾸미고 싶을 때 'ㄴ'과 같은 장치를 활용한다.

· 공부한 사람, 일한 사람, 쓴 일기, 굴린 공, 기쁜 일, 아픈 사람, 예쁜 사람

형용사나 동사가 명사를 꾸미려면 '-ㄹ, -ㄴ, -는'이 붙어야만 하기 때문이다. 여기에 앞서 본 문장들이 틀린 이유가 있다.

· 그런 일은 가능한 빨리 잊으렴.(×)

- 이번 시험은 가능한 쉽게 냈다.(×)

위 문장 속의 '가능한' 뒤에 명사가 있는가? '가능하-'에 붙은 'ㄴ'은 뒤에 올 명사를 꾸미기 위해 붙은 것이라 했다. 그런데 뒤에 명사가 없다. 당연히 틀린 문장일 수밖에 없다. 이것은 어떻게 된 일일까?

이 문장을 올바르게 수정하려면 '가능한'이 꾸며 주는 명사가 필요하다. 의미를 그대로 살린 채로 명사를 넣어야 올바른 문장이 된다.

- 그런 일은 가능한 한 빨리 잊으렴.(○)
- 이번 시험은 가능한 한 쉽게 냈다.(○)

여기서 '한'은 '한(限)'이라는 한자어 명사다. '-ㄴ 한'이나 '-는 한'이라는 구문은 관용어로 굳어져 흔히 사용된다. 여기서 '가능한'의 끝부분의 '한'과 한도를 나타내는 명사 '한'이 같은 발음으로 이어지는 것에 주목해 보자. 흔히 사용하다 보니 익숙해져서 하나를 생략해서 쓰게 되어 '가능한 빨리, 가능한 쉽게'와 같은 잘못된 표현이 나타나게 된 것이다. 하지만 이런 생략은 어법을 어기는 것이다.

'강추위'의 반대말은 '약추위'?

'강추위'의 반대말은 뭘까? 이 질문 자체에 화를 내는 사람이 있으면 좋겠다. 누군가는 '강추위'의 반대말을 '약추위(×)'라 생각할까 봐 화낼 수 있다. '강추위'의 '강'은 한자[강(强)]가 아닌데 그렇게 생각할까 봐 우려하는 것이다. '강추위'는 순우리말로 '눈도 오지 않고 바람도 불지 않으면서 몹시 매운 추위'라는 의미다.

누군가는 거꾸로 '약추위(×)'를 떠올리면서 문제 될 것도 없는 것을 문제 삼으려 하는 학자연한 태도를 비판할 수도 있다. '강추위'의 '강(强)'을 한자로 보는 사람들이다.

두 가지는 모두 이 단어를 이해하는 데 도움을 준다. 맨 처음의 질문부터 풀어 보자. '강추위'의 반대말은 '무더위'다.

  *반의 관계

  • 강 ↔ 무

  • 추위 ↔ 더위

'강추위'는 '강+추위'로 구성되었으니 그 반대말 역시 같은 구조를 가져야 제대로 된 반의 관계가 생긴다. '추위'와 '더위'의 관계는 쉽다. 그 말 앞에 붙은 '강'과 '무'의 관계를 풀어야 할 차례다. '무'는 '물'에서 온 말이다. '물'에서 'ㄹ'이 없어진 것은 언어의 역사와 관련된다. 우리 주변에서 같은 이유로 'ㄹ'이 없어진 말들을 만날 수 있다.

- **무소**(물 + 소), **마소**(말 + 소), **소나무**(솔 + 나무), **여닫다**(열 + 닫다), **바느질**(바늘 + 질)

'무더위'의 '무'가 '물기 많은'의 의미라면 그 반대말인 '강'에는 '물기 없는'이라는 의미가 들었음이 분명하다. '무'가 고유어로부터 왔듯 '강' 역시 고유어에서 왔을 것이다. '강'과 '무'의 의미를 풀어 보니 '무더위'와 '강추위'에는 우리의 고온 다습한 여름 날씨와 한랭 건조한 겨울 날씨가 그대로 들었다. 그래서 '강추위'는 반의 관계에서 유추한 대로 '물기 없는 추위'라는 의미로 널리 사용된다.

- 전국 맑지만 강추위 지속 (최근 신문 기사 제목)

그런데 이상한 일이 생겼다. 습기가 많은데도 '강추위'라는 단어가 등장하는 것이다.

- 강추위 속에서 눈을 그대로 맞던 ○ ○ ○ 씨는 (최근 뉴스 속 예문)

결국 사전에서조차 이런 경향을 받아들여 '강추위'와는 다른 표제어로 '강(强)추위'를 사전에 넣고 '눈이 오고 매운바람이 부는 심한 추위'로 풀이하고 있다. 어떻게 이런 일이 생기는가?

우리는 이미 '강추위' 안에 든 '강'이 어디서 왔는가를 알지 못한다. 반면 '강(强)-'은 다른 말 앞에 붙어 '매우 센, 호된'의 의미를 덧붙이는 말로 살아 있다. 그래서 앞의 '강'을 뒤의 '강(强)'으로 혼동하는 일이 잦아지다가 급기야 새로운 말을 만들어 내기에 이른 것이다. 말의 의미는 때로 이런 방식으로 바뀌는 경우도 있다. 중요한 것은 우리가 어떤 맥락에서 이 단어를 쓰고 있는가이다. 단어를 둘러싼 다양한 관계들은 그 단어를 쓰는 맥락을 보여 준다. 사전 속에 표제어 두 개라는 사실보다 맥락을 통해 발견하는 의미가 더 중요한 경우도 많다. 우리가 더 일반적으로 쓰고 있는 의미를 반영하기 때문이다. 관계를 제대로 읽어야 단어를 제대로 이해하는 것이라고 강조하는 이유이기도 하다.

'골이 따분한' 성격

맞춤법 개그를 하나 보자.

- 골이 따분한(×) 성격

세상에는 정말 기발한 생각을 하는 사람이 많다. 정해진 격식이 파괴되었을 때나 그러면서도 그럴듯해 보일 때 우리는 즐겁다. 놀랍게도 이 개그는 '고리타분'이라는 말의 원뜻과도 맞아떨어진다. 이 말의 뜻은 뭘까? 일상의 의미를 추출하려면 이 말을 넣은 짧은 문장이나 어구를 만드는 것이 좋다. 단어의 의미 하나하나에 개별적으로 접근하는 것보다 실제 쓰임 안의 의미를 찾아야 살아 있는 어휘를 익힐 수 있다.

- 고리타분한 (사람, 책, 논의)

이 말의 의미는 '새롭지 못하고 답답하다'이다. 사전에서도 이 뜻은 이 말의 '두 번째 의미'로 적혀 있다. 두 가지 질문이 생긴다. 첫째, 첫 번째 의미는 뭘까? 둘째, 이 개그의 어디가 그럴듯하다는 것일까? 두 번째 문제부터 먼저 풀자.

이 개그에는 말소리의 법칙이 들었다. '고리'라 쓰든, '골이'라 쓰든 소리는 같다. 우리말 표기의 음절 첫 번째 'ㅇ'은 빈자리다. 앞말에 받침이 있으면 뒤 음절로 넘겨서 소리 내게 된다.

이런 현상은 '연음'이라는 원칙으로 세계적으로도 흔히 나타나는 현상이다. 원래 소리 '고리'를 연음 현상의 결과로 보아 분리해 적은 것이 '골이(×)'다. 듣는 사람에게 '고리타분 : 골이 따분(×)'의 짝이 그럴듯하게 보이는 이유다.

이 개그의 또 다른 재미 요소는 '새롭지 않고 답답한 성격'은 우리를 따분하게 한다는 직설적 비판이다. 덕분에 맞춤법 논의에서 오가는 고리타분한 말들이 누군가를 따분하게 하는 것은 아닌지 걱정하게 하기도 한다. 오래전 '개그는 개그일 뿐 따라 하지 말자'는 말이 있었다. '골이 따분(×)'이라는 개그 덕분에 많이 웃었다면, 한바탕 웃은 후에는 실제로 이 안에 든 의미들을 짚어 가는 과정도 필요하다.

많은 사람이 '고리타분'을 한자성어로 생각한다. '고리타분'이라는 한자성어에 '하다'가 붙은 것으로 보아 글자 수를 맞춘 개그가 생겨난 것으로 보인다. 하지만 이 말은 고유어다. '타분하다'라는 말을 들어 본 일이 있는가? 이 말은 우리가 앞서 질문한 첫 번째 것과 관련되어 있다.

'타분하다'는 '입맛이 개운하지 않다, 음식의 맛이나 냄새가 신선하지 못하다'를 의미하는 말이다. 그리고 이 뜻이 '고리타분하다'의 첫 번째 의미이기도 하다. '타분하다'든 '고리타분하다'든 원래 냄새나 맛과 관련된 의미에서 확장되어 사고나 성격, 사람 등에도 쓰이게 된 것이다.

- 맛이 고리타분하다. ≒ 맛이 타분하다.
- 냄새가 고리타분하다. ≒ 냄새가 타분하다.

당연히 '고리'의 의미가 궁금하지만 아쉽게도 '고리'의 어원은 알려지지 않았다. '골이 따분(×)'이라는 말 자체에 인상을 찌푸릴 필요는 없다. 덕분에 이 말이 한자성어가 아니라는 것을 알게 되었고 원래 역한 냄새나 맛을 표현하던 '타분하다'라는 말로부터 왔음을 알게 된 것이니까. 게다가 어처구니없어 보이는 맞춤법 개그에조차 말소리의 원리들이 들었다는 사실도 발견하게 되었으니 말이다.

[니] 것은 '네' 것, [네] 것도 '네' 것

대중가요 프로그램을 보다 보면 가끔 자막의 가사와 실제 발음이 다른 경우를 발견하기도 한다. 2014년에 나온 가요 〈썸〉의 가사를 보자.

- 요즘따라 내 것인 듯 내 것 아닌 내 것 같은 너, 네 것인 듯 네 것 아닌 네 것 같은 나
→ [요즘따라 내 꺼인 듯 내 꺼 아닌 내 꺼 같은 너, 니 꺼인 듯 니 꺼 아닌 니 꺼 같은 나]

자막의 '네'와 달리 이를 [니]라 부른다. 〈썸〉의 가사 속 '네'에만 한정된 것이 아니다. 대중가요 속의 수많은 '네'는 [니]로 불린다. 우리말에서 'ㅔ[e]'와 'ㅐ[ɛ]'의 구분이 점점 어렵다는 말을 했었다. 두 모음이 점점 가까워지는 변화가 진행 중이어서다.

젊은 세대일수록 이 둘의 구분을 어려워하는 경향이 심하다. '서류의 결재(決裁)'와 '대금의 결제(決濟)' 같은 단어를 잘못

표기하는 일도 자주 생긴다. 그런데 'ㅔ', 'ㅐ'의 구분이 그렇게 어려운 일이기만 한가? 쉬운 예로 확인해 보자.

- 새(新) : 세(三)
- 내(吾) : 네(四)

'세, 네'를 '시(×), 니(×)'로 발음하는 일은 없다. 적는 일은 더더욱 없다. 이런 쉬운 예들만 그런 것도 아니다. 실제로 혼동되지 않는 'ㅔ', 'ㅐ'를 가진 단어가 훨씬 더 많다. 두 가지 의문이 생긴다. 첫째, 발음 구분이 어려운데도 'ㅔ', 'ㅐ' 구분이 생각보다 쉬운 이유는 무엇일까? 둘째, 앞서 본 예에서는 '네'가 '니'가 되는 이유는 무엇일까?

우리의 머릿속에는 '머릿속 사전'이 있다 했다. 우리의 머릿속 사전에는 '세', '새', '네', '내'가 들었다. '머릿속 사전'이라는 말에서 알 수 있듯, 한국어를 모어로 하는 사람들은 이들을 그렇게 인식한다. 머릿속에서부터 이 모음들을 구분하는 것이다.

표준 발음법이나 맞춤법에는 그 인식이 반영된다. 인식하는 대로 말하고 인식하는 대로 적어야 그 의미가 제대로 전달되니까. 그렇다면 '내 : 네'의 '네'가 [니]로 발음된 이유는 뭘까? 국어의 음운 현상과 관련이 있다. 지역 방언 중에는 '게'를 [기]라고 하거나, '베다'를 [비다], '세상에'를 [시상에]라 발음하기도 한다. 'ㅔ'와 'ㅐ'의 구분이 어려워지면서 이를 구분하기 위해 'ㅔ'가 'ㅣ'로 바뀌는 현상이 생긴 것이다.

그러나 지역 방언에서도 모든 'ㅔ'가 'ㅣ'가 되는 것은 아니다. 소수의 몇몇 단어에서 이런 현상이 일어난다. 표준어의 기준이 되는 서울 방언에는 생기지 않은 일이다.

그렇다면 서울 지역에서조차 유독 '네'가 [니]로 발음되는 일이 잦고 간혹 표기에 반영되기도 하는 이유는 뭘까? 쉽게 생각해 보자. 앞선 대중가요의 가사를 보자. 하나의 문장 안에 빈번히 '네'와 '내'가 등장한다. 같은 맥락 안에서 일어나는 일이다.

이 둘을 구분하기 위해서는 보다 분명한 발음 차이가 필요하다. 그래야 의미 전달이 더 분명해진다. 이것이 우리가 때로 '네'를 [니]라 발음하는 이유다.

더 중요한 것은 현재 우리의 머릿속에 이 단어는 언제나 '네'라는 사실이다. 맥락 안에서 의미 전달을 위해 [니]라 발음한다고 할지라도 '네'라고 적어야 한다는 의미다.

'대인배'의 풍모

인터넷의 뉴스 기사에서 뽑은 어구들이다.

• 대인배의 풍모, 대인배의 면모, 대인배의 모습, 대인배의 행보,
대인배 ○ ○ ○, 대인배적 제안

문서에서도 제법 쓰이지만 구어에서는 더 자주 만나게 된
다. 그런데 이 말은 사전에 나오지 않는다. 적어도《표준국어대
사전》,《우리말큰사전》,《금성국어대사전》에서는 찾을 수 없다.
'소인배'라는 단어가 사전에 항상 등장한다는 것과는 대조적
이다. 왜 그럴까? 이 '대인배'라는 단어 정보는 일반 누리꾼의
참여로 구성한 '오픈 사전'에는 등장한다. 검색 결과를 참조해
보자.

• 대인배: 소인배의 반대말로, 아량이 넓고 관대한 사람을 일컫는
신조어. 사실 소인배의 정확한 반대말은 '군자'이다.

몇 가지 짚고 넘어가기로 하자. 정확히 말하자면 '소인배'의 반대말은 '군자'가 아니다. '소인'의 반대말이 '군자'다. 군자는 유교에서 높은 도덕성을 가진 사람을 가리키는 말로 사람들이 본보기로 삼는 덕이 있는 사람에 해당한다. 《논어》는 군자의 도와 소인의 도를 대조하면서 군자의 도를 따를 것을 권하는 대표적 고전이다. 이들 단어에 '무리'라는 의미를 갖는 '배(輩)'를 연결해 보자. '소인의 무리'라는 의미를 갖는 '소인배'가 부정적인 맥락에서 사용되는 단어임을 이해하기는 쉽다. 하지만 이와 반대의 맥락을 상정하기는 쉽지 않다. '군자의 무리', '유덕한 사람의 무리'라는 말은 참으로 어색하다. '군자배(君子輩)(×)'와 같은 구성은 애초에 성립되지 않는다.

'소인'의 '소(小)'에 대립되는 '대(大)'가 사용된 '대인'이라는 말 역시 같은 맥락에서 해석된다. 사실 '대인'이라는 말은 '대인군자'의 준말로 쓰였다. 이 말은 '아량이 넓고 관대한 사람'을 뜻한다. 그러니 '군자'와 같은 맥락에서 '대인(군자)배(×)'가 허용되지 않는다. '대인배(×)'라는 단어가 일반 사전에 올라 있지 않은 사정은 이 때문이다. 실제로 '대인배'라는 말 자체가 등장하는 것은 앞서 오픈 사전에서 말한 것보다는 오래된 일이다. 1980년대 이전에 이 단어가 잘못되었다는 것이 모의 학력고사 문제로 등장할 정도였으니 말이다. 지금 현재, '군자'나 '대인군자'와 같은 말은 일상에서 거의 쓰이지 않는다. 그러니 이제는 '군자'라는 말과 별개로 '대인배'라는 용어를 허용해야 한다고 생각할 수도 있다. 하지만 현재에도 '배(輩)'에는 '무리'라는 의미가 들었다. 그리고 앞서 본 의미에도 '복수의 사람'이라는 의미는 등장하지 않는다. 아래 구절들의 의미 역시 마찬가지다.

- 대인배의 풍모 → 대인의 풍모 / 대인배의 면모 → 대인의 면모 /
  대인배의 모습 → 대인의 모습 / 대인배의 행보 → 대인의 행보 /
  대인배 ○ ○ ○ → 대인 ○ ○ ○ / 대인배적 제안 → 대인적 제안

'배'를 뺀 의미가 오히려 정확한 의미를 전달한다는 말이다. 그렇다면 적어도 공식적인 문서에서는 '대인배'라는 말의 사용을 자제할 필요도 있다.

'받아들이다'를 '받아드리다'로 적는 이유

• 너무 심각하게 받아드리지(×) 않아야 한다.

여기서 '받아드리다'는 '받아들이다'로 적어야 올바른 표기가 된다. 이런 쉬운 것도 문제가 되는가? 이렇게 의아해한다면 문서에 익숙한 사람이거나 나이 지긋하신 분일 가능성이 높다. 하지만 '받아들이다'가 전혀 어렵지 않은 사람이라도 이런 문제가 생기는 원인에는 관심을 가져야 한다.

상상하는 것보다 많은 사람들이 '받아들이다'를 '받아드리다 (×)'로 쓴다. 왜 이런 일이 일어날까? 이 단어는 '받다'와 '들이다'가 합쳐져서 만들어졌다. 표기의 오류가 나타나는 '들이다'로 범위를 좁혀 보자. '들이다'는 '들다'에 '-이-'가 합쳐진 것이다. 먼저 '들다'의 쓰임을 보자.

• 어제 도둑이 들었다.
• 든 자리는 몰라도 난 자리는 안다.

여기서 '들다'는 '안을 향해 가거나 오다'라는 의미의 단어다. 그런데 이 단어는 '들다' 단독으로 쓰기보다 '들어오다, 들어가다'로 바꿔 쓰는 경우가 더 많다. 의미가 더 분명해지기 때문이다. 그러다 보니 '들다' 자체의 단독 쓰임은 점점 줄고 있는 현실이다. '들다'에 붙은 '-이-'는 '먹다'와 '먹이다' 관계에 보이는 '-이-'로 그 자체가 '~게 하다'라는 의미를 갖는다.

- 그를 우리 동아리에 들게 하려고 애썼다.
= 그를 우리 동아리에 들이려고 애썼다.

이 경우에도 '~게 하-'를 포함하는 문장이 훨씬 더 많이 쓰인다. 어쨌든 이 '들다'는 이리저리 젊은 층에 익숙하지 않다. '들다'라는 단어를 생각하면 '물건을 들다'라는 의미에 더 익숙한 것이다.

처음 문제로 돌아가 보자. '받아들이다'를 '받아드리다(×)'로 잘못 적는 이유가 무엇일까? 리포트에 '받아드리다'로 적는 학생들은 '들이다'를, 자신에게 더 익숙한 단어인 '드리다'로 바꾸어 버린 것이다. 그 학생들뿐만 아니라, 더 많은 사람들이 그렇게 하는 것으로 보이기도 한다. '드리다'는 '높은 사람에게 무엇을 주다'라는 의미다. 이 의미에 좀 더 관심을 가지면 '받아들이다'를 잘못 적는 오류를 줄일 수 있다.

- 그냥 받아드리게(×).
→ 받아들이게 / 수용하게 / 이해해 보게

위의 문장이 '받아서 윗사람에게 준다'는 의미가 아님은 분명하다. 여기서는 '어떤 생각을 이해해서 자신의 것으로 만든다'는 의미로 쓰인 것이고 그것이 '받아들이다'다. 여기서 누군가는 이런 질문을 해야 한다. 정말 '무엇인가를 받아서 높은 분에게 준다'의 의미로 쓰이는 문장은 없을까? 가능은 하다. 만일 그렇다면 아래와 같이 써야 한다.

- 그냥 그것을 받아 (사장님께) 드리게.

이 '받다'와 '드리다'는 하나의 단어가 아니기에 반드시 띄어 써야 한다. 또 이 경우에 '받다'의 목적어가 되는 '사장님' 등의 대상을 밝혀 주는 것이 좋다. 어쨌든 이런 예는 아주 특수한 예라는 점도 기억해야 한다.

크기가 큰 발자국, 소리가 큰 발걸음

어떤 책 제목의 일부다. 어디가 잘못된 것인지 알 수 있는가?

• 발자국 소리가 큰 아이들

발자욱으로 고치고 싶을 수도 있다. 시적 허용으로는 '발자욱'이 많이 사용되지만 표준어는 아니다. 제대로 수정하려면 생각의 방향을 돌려야 한다. 가장 쉬운 일부터 하자. '발로 밟은 자리에 남은 모양'이라는 기본 의미를 짚으면 어떻게 고쳐야 할지 방향이 보인다. 발자국은 바닥에 남은 모양이니 소리가 없다. 발자국이 소리를 낸다면 오히려 놀랄 일이다. 발이 땅에 닿을 때 나는 소리를 말하고 싶었다면 아래처럼 수정할 수 있다.

• 발자국 소리가 크다.(×)
→ 발소리가 크다.(○) → 발걸음 소리가 크다.(○)

발걸음도 '모양'이니까 '발자국 소리'처럼 틀린 말이라 생각할 수 있다. 좋은 지적이다. 예들 사이의 관계를 제대로 보고 있으니까. '발걸음'은 모양을 가리키기도 한다. 하지만 동시에 '걷는 행위'를 가리키기도 한다. '걷다'라는 동사의 '명사'가 '걸음'이다. 그러니 '걷는 행동이 내는 소리'라는 의미로 '발걸음 소리'라는 표현이 가능하다.

어쨌든 '발자국 소리'는 잘못된 표현이다. 그런데 왜 이런 말이 자주 등장하는 것일까? 우리는 낱낱의 단어들만을 외우지 않는다. 때로는 단어들이 모인 어구를 묶어 한 단위를 기억하기도 한다. 즉, '발자국'과 '소리'를 각각 기억하는 것이 아니라 '발자국 소리'라는 어구를 기억할 때가 있다는 것이다.

어구 속의 단어 관계를 제대로 따지지 않은 채 기억했다가 그대로 꺼내 사용했기에 이런 잘못된 표현들이 생기게 되는 것이다. 생각보다 많은 사람이 '발자국 소리'라고 말한다. 잘못된 관형구가 상용되면서 생긴 일이다. 비슷한 예를 몇 개 보자.

- 피곤해서 눈동자가 충혈되었다.

문장 내용이 그대로 현실에서 벌어지고 있다고 상상해 보라. 우리의 눈은 눈동자와 그것을 둘러싼 하얀 부분으로 나뉜다. 피곤하여 빨개지는 부분은 눈의 하얀 부분이다. 그러지 않고 눈동자가 충혈됐다면 아주 큰 병일 수도 있다. 눈동자는 눈 속의 동그란 부분을 가리키는 말이니까. 검은 눈의 사람을 예로 들자면 눈의 하얀 부분은 '흰자위'나 '흰자'로 부르고 검은 부분은 '검은자위'나 '검은자'이다. 여기서 '자위'는 계란의 '흰자위, 노른자위' 할 때의 그 '자위'다. 이를 반영해 문장을 고쳐보자.

- 눈동자가 충혈되었다.(×)
- → 눈이 충혈되었다.(○) → 흰자위가 충혈되었다.(○)

요새는 사람의 눈을 가리켜 '흰자위/검은자위'로 구분하는 일이 흔치는 않다. 이것이 어색하다면 간단히 '눈이 충혈되었다'로 고치면 될 일이다. 하지만 어색하다고 고유어를 사용하지 않으면 어휘 자체가 사라진다는 점도 기억해 두자. 다른 문장 하나를 더 보자.

- 이 일에 손목을 걷어붙이고 나섰다.

이제 '손목을 걷었다'는 표현이 왜 이상한지가 보일 것이다. 손목을 걷는 것은 어려운 일이다. 엽기적 만화의 한 장면이 아니라면 아래처럼 수정해야 한다.

- 손목을 걷었다.(×)
- → 소매를 걷었다.(○)

물건을 '삼', 마포구에 '삶'

맞춤법을 알려면 자주 틀리는 유형을 아는 것이 좋다. 자주 혼동되는 표기인 'ㄹ'에 관련된 명사형 표기를 보자.

- 영희는 언제나 열심히 공부한다.
- → 영희는 언제나 열심히 공부함.

공문서에서 흔히 사용하는 방식이다. 이 예문에서는 기본형에서 '-다'를 빼고 '-ㅁ'을 넣은 것이 명사형이다. 명사형이라니. 이런 어려운 말을 굳이 써야 할까? 맞춤법을 더 쉽게 아는데 도움이 되는 일이다. 우리말에는 수십만 개의 단어가 있다. 우리는 이 단어들을 모두 외우지 못할뿐더러 그럴 필요도 없다. 그런데 맞춤법은 이 단어들을 대상으로 하는 경우가 많다. 설명을 하려면 그 많은 단어들을 지시해야 하지 않을까?

단지 아홉 개 품사만으로 이 단어들을 묶어 낼 수 있다. 품사는 국어의 모든 단어를 형태나 역할, 의미로 구분해 놓은 것이다. 수십만 개의 단어를 아홉 개 품사만으로 설명할 수 있으니 훨씬 쉬운 일일 수밖에.

아홉 개 품사 중에 '이름을 가리키는 품사'가 명사다. 문제는 그것만으로 부족하다는 것. 그래서 때때로 명사 아닌 것을 명사처럼 만들어 써야 하는데, 이것이 '명사형'이다. 진짜 중요한 것은 이런 복잡한 문법을 모르는데도 우리가 일상에서 명사형을 제대로 만들고 있다는 점이다. 우리의 머릿속 문법 덕분이다. 그런데 이를 표기할 때는 조금 복잡한 문제가 생긴다. 혼동되는 표기들을 보자.

· 마포구에 오래 살았다.
→ 마포구에 오래 삶.(○) / 마포구에 오래 삼.(×)
· 많은 물건들을 팔았다.
→ 많은 물건들을 팖.(○) / 많은 물건들을 팜.(×)

'ㄹ'로 끝나는 '살다, 팔다'의 명사형은 '삶, 팖'처럼 'ㄹ'을 밝혀 적어야 한다. 이를 '삼, 팜'처럼 'ㄹ'을 탈락시켜 적어도 되지 않을까? 어차피 발음은 같지 않은가? 그렇지 않다. 'ㄹ'을 탈락시켜 적으면 의미 전달에 방해가 된다. '살다'와 '사다'의 명사형, '팔다'와 '파다'의 명사형이 구분되지 않는다. 그리고 이런 관계에 있는 단어들은 생각보다 많다.

· 갈다 → 갊 / 가다 → 감
· 길다 → 깖 / 기다 → 김
· 팔다 → 팖 / 파다 → 팜

의미가 제대로 구분되게 적기 위해서 'ㄹ'로 끝나는 동사, 형용사의 명사형에 'ㄹ'을 분명히 밝혀 적는 것이다. 무엇을 자주 틀린다면 거기에도 이유가 있다. 그 이유까지 알아야 맞춤법에 제대로 접근할 수 있다. 우리는 왜 이 'ㄹ'에 관련된 '명사형' 표기를 자주 틀리는 것일까? 'ㄹ'로 끝나는 동사나 형용사는 'ㄴ'을 만나면 규칙적으로 탈락한다. '날다 → 나는, 나니까'처럼. 이 규칙적 탈락이 명사형을 표기할 때 혼동을 준다. 이 혼동을 막으려면 맞춤법에 관여하는 환경을 기억하는 것이 좋다. '명사형'이라는 말에 주목한 것처럼 말이다.

'서툴어도'의 오류

아래 문장에서 잘못된 표기를 찾아보자.

- 처음엔 그렇게 서툴어도 다 익숙해진단다.
- 거기 그대로 머물어도 괜찮을까?
- 그렇게 서둘어서야 무엇을 이룰 수 있겠니?

밑줄 친 부분은 모두 잘못된 표기다. 컴퓨터의 맞춤법 교정 도구는 잡아내지 못하는 오류다. '서툴어, 머물어, 서둘어'의 오류는 잡아내지만 '서툴어도, 서툴어서야, 머물어도, 머물어서야, 서둘어도, 서둘어서야'의 오류는 인식하지 못한다. 입력 예들에 약간의 요소가 추가돼도 인식이 달라지는 컴퓨터의 단면을 보이는 것이다.

'서툴어, 머물어, 서둘어'가 잘못된 표기인 이유부터 보자.

'서툴다, 머물다, 서둘다'는 '서투르다, 머무르다, 서두르다'의 준말이다. 준말과 본말이 다 같이 널리 쓰이기에 둘 모두 표준어로 삼은 것이다. 우리는 이미 본말과 준말 관계에서 준말에 모음 연결이 제한되는 예를 본 일이 있다. '가지다'의 준말인 '갖다'는 자음이 연결된 '갖고, 갖는' 등은 허용되지만 모음이 연결된 '갖은(×), 갖음(×)' 등은 허용되지 않는다. 이 관계를 '서투르다/서툴다, 머무르다/머물다, 서두르다/서둘다'에 그대로 적용해 보자.

자음이 연결된 '서툴고, 서툴기에, 서툴더라도'는 올바른 표기이지만 모음을 연결한 '서툴어(×), 서툴으니(×), 서툴음(×)'은 허용되지 않는다. 두 유형의 공통점이 표기에 그대로 반영된 것이다. 실제로 '서툴다, 머물다, 서둘다'의 모음 연결에 제한을 둔다는 규범은 '갖다'에 모음이 연결되지 못하는 것에 준한 것이니까.

여기서 멋진 질문이 하나 나오길 기대한다. 자신의 발음을 확인해 보자. 누군가는 자신이 '서툴어도(×), 머물어도(×), 서둘어도(×)'라고 말한다고 생각할 수도 있다. 실제로 이런 발음은 일상에서 흔히 나타난다. '갖은(×), 갖어도(×), 갖음(×)'이 일상에서 거의 나타나지 않는 것과는 대조적이다. 왜 이런 일이 생길까? 현재로서는 명확한 답을 낼 수는 없다.

여기서는 언어 변화의 양상을 엿볼 수 있는 접근 방식 하나를 보기로 하자. 만일 준말에 모음 연결을 제한하지 않고 '머물고, 머물어도(×)'를 모두 허용하면 무엇이 좋을까? 모음이 붙든 자음이 붙든 그 행동에 제약이 없다. 규칙적으로 행동할 수 있다는 의미다.

	기본형	+ 자음 어미	+ 모음 어미	행동 유형
본말	서투르다	서투르고	서툴러	불규칙
	머무르다	머무르고	머물러	
	서두르다	서두르고	서둘러	
준말	서툴다	서툴고	서툴어(×)	규칙
	머물다	머물고	머물어(×)	
	서둘다	서둘고	서둘어(×)	

　　본말 '서투르다, 머무르다, 서두르다'는 모두 불규칙 동사/형용사다. 본말이 이미 뒷소리가 자음인지 모음인지에 따라 달라진다는 의미다. '가지다'가 규칙 동사라는 점과 대조된다. 이런 불규칙 동사/형용사가 보다 규칙적으로 바뀌려 하는 것은 언어 변화에서 일반적인 일이다. 이런 힘이 변수가 되어 언어 변화의 속도를 조절했을 수도 있다. 더 재미있는 것은 '가지다'의 준말인 '갖다'는 불규칙적으로 행동한다는 점이다. 언어 변화에서 불규칙이 생겨나는 양상이 어떤 것인지를 엿볼 수 있는 단면이기도 하다.

'안절부절' 사용에 안절부절못하다

아래 문장에서 잘못된 부분을 찾아보자.

- 결과를 앞두고 안절부절했다.(×)

'안절부절못하다'로 수정하여야 규범에 맞는 말이 된다. 여기까지는 우리가 많이 들어 온 맞춤법이다. 잘 알려진 맞춤법인데도 뉴스에서조차 잘못된 표기가 발견된다. 생각보다 많은 사람들이 '안절부절하다'라는 말을 사용한다는 의미다.

표준어는 어렵다. 표준어를 정하는 사람에게도 그 어려움은 적용된다. 언어는 항상 변하는 중이다. 그중 어휘의 변화가 가장 빠르다. 어떤 단어들은 사라지기도 하고 이전에 없던 새로운 의미가 포함되기도 한다. 변화 와중의 언어를 두고 어떤 시점을 잡아 기준을 정하는 일이 쉬울 리 없다. 하지만 어떤 어휘가 올바른가를 정하는 일은 필요하다. 표준어를 정해야 하는 위치의 사람들도 늘 고민할 수밖에 없다.

그래서 국어의 문법 원리도 고민하고 의미도 고려하고 말을

더 맞춤법

쓰는 사람이 변화를 인식하는가에도 깊은 관심을 갖는다. 그들이 특히 관심을 갖는 부분은 우리가 그 말을 얼마나 사용하는가이다. 우리의 말이 표준어를 정하는 데 중요한 기준이 된다는 말이다.

문제는 어떤 사람들은 이렇게 말하고 다른 사람들은 저렇게 말할 때이다. 어떤 말을 표준어로 삼아야 할지가 고민되는 순간이다. 어쩔 수 없이 경향성에 따를 수밖에 없다. 어떤 말이 많이 사용된다 해도 그에 대응되는 다른 것이 더 많이 쓰인다고 조사되면 후자를 표준어로 삼는 것이다. '안절부절못하다(○)'도 그런 예들 중의 하나다.

맞춤법이나 표준어같이 중요한 것을 이런 방식으로 정해도 되느냐며 화를 내는 사람도 있다. 하지만 '안절부절못하다'를 규범적 표기라 정한 데는 맥락상의 근거도 있다. 아래 문장을 보자.

　• 결과를 앞두고 안절부절 어찌할 줄 몰랐다.

여기서 '안절부절'은 '못하다'와 연결되지 않고도 올바른 표기다. 부사로서 뒤의 서술어를 꾸며 주는 역할을 하는 말이다. 이 부사 '안절부절'이 어떻게 쓰이는가를 보는 것은 '안절부절못하다'라는 말이 올바른 이유와 관련이 있다. 아래 예들을 보자.

　• 안절부절 어쩔 줄을 모르다.
　• 안절부절 견딜 수가 없었다.

- 안절부절 갈피를 못 차렸다.

여기서 부사 '안절부절'에 뒤따르는 어휘들을 보자. 모두 부정적인 서술어들이다. 이런 예들은 '안절부절'이라는 말 자체가 부정적인 맥락에서 사용된다는 것을 보여 준다. '안절부절 못하다'에서 부정적 의미를 가진 '못하다'를 인정하는 이유이기도 하다. 어떤 단어가 쓰이는 맥락을 충분히 살펴 그 관계를 규범에 반영한 것이다. 여기서 더 중요한 점은 하나의 단어가 옳은가 그른가보다 더 생산적인 일에 관심을 가져야 한다는 점이다.

눈을 돌려 '안달하다, 조바심 내다, 초조해하다' 등을 떠올려 보자. '안절부절못하다'는 이 다양한 단어들과 관계를 맺고 있다는 점에 더 관심을 갖자. 하나의 단어의 정오를 따지는 소모적 논쟁이 오히려 국어 어휘의 풍부함을 가로막는 일이 되기도 하고 문장의 다채로움을 제한하는 일이 될 수도 있다는 말이다.

'오회말카드'

> • 너무 일해라 절해라(①) 마세요. (중략) 바람물질(②) 생겨요. 인생은 오회말카드에(③) 정답 표시하는 시엄문제가(④) 아니잖아요?

어느 기사에 달린 댓글의 일부다. 이런 황당 맞춤법을 활용한 개그에 우리말의 질서가 들었다면 이상할까? 실제로 ①~④에는 우리의 말소리 원리가 반영돼 있다.

②부터 보자. ②번에는 일상에서 가장 많이 접하는 발음 원리가 들었다. '발암'과 '바람'이 발음상 동음이의어임을 활용한 개그다. 실제로 음절의 첫소리에 적는 'ㅇ'은 빈칸임을 기억하자. 그 빈칸에 앞말의 받침을 이어 적은 것이 '바람물질'이니 그리 어색한 것도 아니다.

그러면 ①, ③, ④에는 어떤 질서가 들었을까? 놀랍게도 같은 음운 현상이 관여한다. 역시 쉬운 것을 선택해 ④를 보자. '시험 → 시엄'에는 'ㅎ'이 탈락하는 현상이 관여한다. 우리말에서 'ㅎ' 탈락 현상은 생각보다 흔한 것이다. 예로 확인해 보자.

- 결혼[겨론(×)], 다행히[다행이(×)], 이해[이애(×)], 철회[처뢰(×)]

  모두 표준 발음법에는 어긋나지만 우리가 자주 만나는 발음들이다. 지역 방언에서는 이런 'ㅎ' 탈락이 훨씬 더 자주 일어난다. 모음과 모음 사이나 'ㄹ'과 모음 사이의 'ㅎ'이 아주 약한 소리여서 자연스럽게 생기는 일이다. 그 현상을 그대로 반영한 것이 ④번 개그다.

  그런데 어떤 현상이 자주 일어나면, 이에 대한 반작용이 생긴다. 규범에서 'ㅎ'을 탈락시킨 발음을 허용하지 않는다는 것을 인식하면 그런 발음을 피하려 하는 것이다. 이런 노력이 과하다 보면 'ㅎ' 탈락과 무관한 것에까지 'ㅎ'을 삽입하는 일도 생긴다. 이 과도 적용 원리가 '이래라 저래라'가 '일해라 절해라'로 둔갑하게 된 이유다.

  거꾸로 된 과정을 따라가 보자. '일해라 절해라'에서 'ㅎ'이 탈락해 '일애라 절애라'가 되면 'ㄹ'이 뒤의 빈자리로 이동해 '이래라 저래라'가 된다. 이런 절차를 상정하고 'ㅎ'을 복원해 만든 것이 '일해라 절해라'인 것이다.

  ③의 '오회말카드' 역시 비슷한 설명이 가능하다. 원말은 '오엠아르 카드'다. 아르(R)를 흔히 '알'이라 잘못 표기한다. 그리고 'ㅎ'이 탈락했다 치면 '오헴알 카드'가 된다. 이를 비슷한 발음인 '오회말 카드'로 둔갑시킨 것이 ③번 개그의 생성 원리다.

  물론 ①~④ 모두 맞춤법으로는 황당한 항목들이다. 이런 식의 말장난을 '언어유희'라는 수사적 영역에 넣어 명확히 구분하는 것도 그런 이유다.

그런데 정말 재미있지 않은가? 이런 황당 맞춤법을 생성하는 데조차 말소리 원리가 관여한다는 것 자체가 말이다. 우리의 말소리 원리가 우리가 생각하는 것보다 훨씬 더 강력한 영향력을 가진 것임을 확인하는 순간이다. 우스개가 아닌 본령의 말들에 적용되는 중요 원리들을 좀 더 잘 이해하고 싶어지질 않는가?

'완전' 좋다

'완전'이라는 말은 우리가 자주 사용하는 말이면서도 잘못 쓰는 빈도가 높은 말이다. 예를 들어 보자.

- 완전 좋다(×), 완전 좋은(×)
- 완전 끌린다(×), 완전 끌리는(×)

이 예들은 문법적으로 틀린 표현이다. 그 이유를 이해하려면 명사, 부사, 동사, 형용사와 같은 문법 용어가 필요하다. 많은 사람들은 이런 문법 용어를 싫어한다. 왠지 더 복잡해지는 느낌이 들 수도 있다.

하지만 이름을 안다는 것은 유용한 일이다. 누구와 친해지고 싶다면 이름을 먼저 익혀야 한다. 마찬가지로 문법이나 맞춤법을 제대로 익히고 싶다면, 문법이나 맞춤법에서 유용한 이름인 용어들을 익히는 것이 빠른 길이다. 이름을 모르는 사람과 친해지려면 얼마나 어려운 일이겠는가? 실제로 위의 '완전'에 관한 문법을 익히는 데 필요한 용어는 그리 어려운 것도 아니다.

더 맞춤법

용어들과 함께 예문을 보자.

예에서 '완전'은 어떤 역할을 하는지 짚어 보자. 여기서 '완전'은 '좋다'라는 형용사와 '끌리다'라는 동사를 꾸민다. 문법에서 이렇게 동사, 형용사를 꾸미는 품사는 원래 뭘까? '부사'다. 이것은 우리말뿐만 아니라 세계 어느 말을 배울 때나 통용되는 질서다. 부사는 이렇게 동사, 형용사를 꾸미기도 하고, 때로 문장 전체를 꾸미기도 한다. 이를 예문에 그대로 적용한다면 '완전'은 부사여야 한다.

문제는 그렇지 않다는 데 있다. '완전'을 사전에서 찾아보자. '필요한 것이 모두 갖추어져 모자람이나 흠이 없음'을 뜻하는 명사다. 그리고 명사는 동사, 형용사를 직접 꾸미지 못하는 품사다. 이 '완전'을 포함한 예들이 잘못되었다는 것을 '완전'과 비슷한 말로 증명해 보자. 명사 '완전'과 비슷한 말인 '완벽, 무결함'으로 바꾸어 보면 어떨까?

- 완전 좋다(×) → 완벽 좋다(×), 무결함 좋다(×)
- 완전 끌린다(×) → 완벽 끌린다(×), 무결함 끌린다(×)

이 문장들이 이상해 보이는 이유는 문장 안의 '완전'이나 '완벽, 무결함'이 주어처럼 생각되기 때문이다. 문장 속에서 명사는 주로 주어나 목적어의 역할을 하니까. 그러니 '완전 좋다, 완전 끌린다'는 우리가 의도하듯 '정말 좋다, 정말 끌린다'의 의미로 해석되지 않는다. 그냥 '좋다'나 '끌린다'의 주어로 해석되는 것이다. 사전적 질서대로 명사라면 그렇다.

여기서 중요한 질문을 해 보자. 명사가 동사, 형용사를 꾸미는 경우는 없을까? 물론 있다. 하지만 명사가 이 품사들을 꾸미려면 다른 장치가 필요하다. 대표적인 명사인 '학교, 거리, 철수'로 동사, 형용사를 꾸며 보자.

- 학교에서 잤다.
- 거리로 나갔다.
- 철수에게 물어보아라.

이 명사들은 '에서, 로, 에게'가 없이는 서술어를 꾸밀 수 없다. '완전 좋다'라든지, '완전 끌린다'에는 이런 장치가 없다. 그러니 문법적으로 틀린 것이다. 이것을 어떻게 수정해야 할까? 부사의 역할을 하게 하고 싶다면 부사나 부사 역할을 할 수 있는 말로 수정해야 한다. 그것을 이용해 앞의 예들을 수정해 보자.

- 완전 좋다(×), 완전 좋은(×)
  → 완전히 좋다, 완전히 좋은 / 완전하게 좋다, 완전하게 좋은

밤새 '울음'을 크게 '욺'

아래는 올바른 표기다. 여기서 이상한 점은 없는가?

- 울음을 욺.
- 졸음이 와서 졺.
- 얼음이 얾.

무슨 말장난이냐고 짜증이 날 수도 있다. 하지만 그 짜증 너머에서 맞춤법과 관련된 유의미한 생각을 이끌어 보자. 그게 맞춤법을 제대로 이해하는 방식이다. 어렵고 복잡해 보이는 것을 만나면, 비교적 쉬운 부분을 뽑아 생각하자고 했었다. 예들에서 '울다, 졸다, 얼다'라는 기본형을 포착하였다면 관련된 사안을 논의할 준비가 되었다.

거기서 조금만 더 들어가 보자. '울다 → 울음/욺', '졸다 → 졸음/졺', '얼다 → 얼음/얾'의 관계는 어떤 것일까? '울음, 졸음, 얼음'부터 보자. 이들은 '울다, 졸다, 얼다'에서 왔지만 그것들과는 다른 단어다. '울-, 졸-, 얼-'에 '-음'이 붙어서 새로운 명사가 된 것이다.

아예 품사까지 다른 각각의 단어이기에 각각 사전에 실린다. 물론 이 단어들이 '울-, 졸-, 얼-'과 의미적으로 관련됨은 확실하다. 이 때문에 '우름(×), 조름(×), 어름(×)'이라 쓰지 않고 원형을 밝혀 '울음, 졸음, 얼음'이라 표기하는 것이다. 의미적으로 연관된다고 같은 단어인 것은 아니다.

그렇다면 '욺, 좖, 얾'은 어떨까? 이 단어들은 사전에서 찾을 수 없다. 이들은 여전히 '동사'이기 때문이다. 주어나 목적어를 취하는 것은 동사의 특성이다. '울-, 졸-, 얼-'에 '-ㅁ'이 붙었지만, 앞에 '울음, 졸음, 얼음'과 같은 단어들을 주어나 목적어로 삼고 있다. 이 '-ㅁ'이 아예 품사를 바꾸지는 못함을 보여 준다. 명사인 것처럼 보이지만 여전히 이전 품사의 특성을 가지는 것, 그것이 명사형이다.

명사형들은 문장에서 쓰이고는 곧 사라지기에 사전에 싣지 않는다. 이와 달리 '울음, 졸음, 얼음'은 하나의 단어가 되어 머릿속에 저장되어 언제든 꺼내 쓸 수 있다.

명사와 명사형의 차이는 그런 것이다. 우리 머릿속에는 사전이 들어 있다. 문장을 만들 때 머릿속 사전에서 단어들을 꺼내어 쓰는 것이다. 하지만 문장을 만들 때는 원래의 역할과 다른 역할로 쓰이는 경우도 많다.

특히 국어의 동사와 형용사는 다양한 어미가 붙어 다양한 역할을 한다. 그중 하나가 '욺, 좖, 얾'에 붙은 '-ㅁ'으로, 명사형 어미다. 국어에 'ㄹ'로 끝나는 동사, 형용사를 명사형으로 만들 때는 '-ㅁ'만 붙이고 'ㄹ'을 탈락시키지 않는다 했었다. 그런데

더 맞춤법

이 세 단어는 맞춤법상 조금 특이한 면이 있다. 어떤 면일까?

- 불우한 삶을 살았다. → 불우한 삶을 삶.
- 선대 학자들의 앎을 알았다. → 선대 학자들의 앎을 앎.

위의 '삶/삶, 앎/앎' 역시 '명사/명사형'의 관계이다. 명사형이 명사 자체와 훨씬 더 닮아 있다는 점에 주목하자. 하지만 더 중요한 것은 앞서 본 '울음/욺, 졸음/졺, 얼음/얾'과 이들의 차이다. 명사형과 명사의 형태가 다르기에 '울음/욺, 졸음/졺, 얼음/얾'의 맞춤법이 어려운 것이다. 그래서 아래와 같은 잘못된 표현이 생기지 않도록 주의해야 한다.

- 노면에 얼음이 자주 얼음.(×)
- 밤새 울음을 크게 울음.(×)

조문객의 '환담'

어휘를 제대로 사용한다는 것은 상황을 제대로 읽는다는 것을 의미한다. 여기서 상황은 글을 쓰는 맥락을 말한다. 글을 잘 쓴다는 것은 맥락을 제대로 파악해서 대응한다는 것을 의미하기도 한다.

• 그는 조문객들과 환담을 나누었다.(?)

위 문장은 문법적으로 보면 문제가 없다. 필요한 요소를 모두 갖추고 있기 때문이다. 하지만 좋은 문장은 아니다. '환담'이라는 어휘 때문이다. '환담'을 구성하는 한자를 통해 이 어휘의 의미를 익혀 보자.

구성 한자	환(歡)	담(談)
의미	기쁘다 사랑하다 좋아하다	말씀 이야기
관련 한자어	환영, 환호, 환희, 환심, 환락	담화, 담론, 덕담, 상담, 대담

'환담'의 뜻은 '기쁘고 즐거운 이야기'다. 조문객들과 이런 기쁘고 즐거운 이야기를 나눈다는 것이 맥락상 어색한 것이다. 물론 여기에 문제를 제기할 사람이 있을 수 있다. 장례식장이라고 어두운 이야기만 있는 것은 아니니까, 가끔 웃음을 볼 수 있는 장례식장이 더 좋아 보일 때도 있다고 반론할 수도 있다. 물론이다. 문제는 '환담' 자체가 갖는 기쁨이 장례식장에서 허용되는 어휘가 아닐 수 있다는 점이다. 위 표에서 '환(歡)'으로 시작하는 단어들을 보자. 한자어의 느낌을 정확히 이해하려면 관련된 다른 단어들을 떠올려 보는 것이 좋다. 어휘를 풍부하게 하는 데 도움이 된다. 장례식장에서 즐거운 이야기를 할 수 있다 하더라도 이것이 '환호'나 '환희'와 같은 종류의 것은 아니다. 쓸쓸한 웃음이거나 지난날을 기억하는 추억의 웃음이거나 장례식장에서나 만나게 되는 사람들끼리의 반가움을 반영한 웃음일 뿐이다.

- 그는 굳은 표정으로 조문객들과 환담을 나누었다.(×)

더구나 위의 문장처럼 '굳은 표정'과는 전혀 어울릴 수 없는 말이다. 누군가는 또 이런 문제를 제기할 수도 있다. '환'에 '기쁠 환(歡)'만 있는 것은 아니다. '슬플 환(患)'도 있다고. 이런 질문을 할 수 있는 사람은 칭찬받아야 한다. 어휘는 관계를 전제로 한다. 하나의 어휘를 고려할 때 연관된 많은 단어가 떠오르는 것은 아주 바람직한 일이다. '슬플 환'에 대한 질문은 '동음이의어'를 활용해 맥락에 맞는 단어를 고려한 것이다.

'슬플 환(患)'도 흔히 쓰이는 한자다. '환자, 우환, 환란'에 쓰인 한자다. '환담'이 슬픈 이야기로 해석된다면 위의 문장은 자연스러운 것이겠다. 그러나 이 한자를 사용한 '환담'이라는 말은 사용되지 않는다. 오히려 '환담(幻談)'이라는 동음이의어가 있을 뿐이다. 이 '환'은 '환각(幻覺), 환상(幻想)'이라는 단어 속 한자다. 게다가 흔히 쓰이는 단어들도 아니다. 오히려 '괴담(怪談)'이라는 말이 더 많이 쓰인다. 이런 맥락을 이해한다면 장례식장에서의 '환담'은 삼가는 것이 좋다. 가끔 즐거운 이야기를 하는 것을 표현하는 것이라면 아래와 같이 구체화하는 것이 더 낫다.

• 그는 조문객들과 고인과 함께했던 즐거운 시절을 이야기했다.

'주책이 있다'는 이제 없다

아래 문장은 맞춤법을 제대로 지킨 것일까?

- 저 사람은 정말 주책이야.

　그렇다. 맞춤법을 제대로 준수한 문장이다. 이 말에 의문을 갖는 사람이 있을 수 있다. 그런 사람들은 '주책이 없다'가 맞는 표현이고 이를 '주책이다'라 표현하는 것은 잘못된 것이라고 알고 있을 것이다. 하지만 적어도 2020년 6월 현재, 위의 문장은 올바른 표기다. 물론 이것이 인정된 것이 얼마 되지 않았기에 아직 어색하게 생각하는 사람들도 많다. 사정을 알아보기 위해 사전에서 '주책'이라는 단어를 찾아보고 이상한 점을 발견해 보자.

- 주책[명사]
① 일정하게 자리 잡힌 주장이나 판단력.
② 일정한 줏대가 없이 되는대로 하는 짓.

주책을 풀이한 ①과 ②의 의미는 정반대다. ①에 밑줄 친 '일정하게 자리 잡힌 주장이나 판단력'은 ②에 밑줄 친 '줏대'의 의미다. 사전의 풀이대로라면, '주책'이라는 말은 상반된 두 가지 의미를 갖는 이상한 말이 된다. 어떻게 이런 일이 생긴 것일까? 한국어를 사용하는 우리 때문이다. '주책'은 '주착(主着)'에서 온 말로 원래 '줏대'나 '주견(主見)'의 의미를 가졌다. 지금은 '주착'이라는 발음은 없어지고 '주책'이란 말로만 사용된다. '주책'이라는 단어에 부정적 의미가 들게 된 것은 흔히 이말과 함께 놓이던 단어의 의미와 연관된다.

옛날	오늘날
주책이 있다(○)	주책이 있다(×)
주책이 없다(○)	주책이 없다(○)
	↓
	주책이다(○)
	(2017년 1월 인정)

과거 우리말의 '주책'이라는 단어는 뒤에 '있다, 없다'가 모두 연결될 수 있었다. '주책이 있다'는 '주관이 있다'는 의미로, '주책이 없다'는 '주관을 갖지 못했다'는 의미로 사용된 것이다. 그런데 한국어를 사용하는 우리가 '주책이 없다'는 표현을 훨씬 더 많이 사용하게 되면서 사정이 달라졌다. 뒤의 '없다'가 가진 '부정적 의미'가 '주책'에도 옮겨 오게 된 것이다. 학자들은 이런 변화를 '전염'이라는 말로 설명하기도 한다.

'주책'에 '부정적 의미'가 담겼다는 것을 어떻게 확인할까?

역시 우리가 쓰는 말이다. 오늘날의 우리는 아래와 같은 말들을 흔히 쓴다.

　• 주책을 부리다, 주책을 떤다, 주책스럽다

　모두 '주책'이라는 단어 자체에 부정적 의미가 담긴 말들이다. 앞서 본 '주책'의 ②번 뜻이 더 많이 사용되고 있다는 의미다. 이런 우리의 말은 '주책이다'라는 말을 표준어로 인정하게 만든 언어적 근거가 되었다. 2017년 1월 국립국어원에서 '주책없다'와 동일한 뜻으로 널리 쓰이는 것으로 판단하고 표준어로 인정하게 된 것이다.

선조들 말의 질서가 반영된 '알은척'

'알은척, 알은체'를 보자. 둘 다 올바른 표기의 단어다. 이 말은 중간을 띄어 적으면 잘못된 표기가 된다.

- 알은척도 않는다.(○) / 알은 척도 않는다.(×)
- 알은체하는 것은 예의가 아니다.(○) / 알은 체하는 것은 예의가 아니다.(×)

혹 띄어서 적고자 한다면 단어를 수정해야 올바른 표기가 된다.

- 아는 척도 않는다.
- 아는 체하는 것은 예의가 아니다.

여기서 몇 가지 질문을 떠올려 보자. 가장 먼저 나올 질문은 의미 차이일 것이다. 물론 '알은체(척)'와 '아는 체(척)'는 의미상으로 차이가 난다. 가장 기본적인 원리부터 짚어 보자. 띄어서 적는다는 것은 각 단어의 의미가 문장 안에 살아 있다는 것이다. '척'이나 '체'의 원래 뜻은 '거짓 태도나 모양'이다. 그러니 떼어 적은 '아는 체(척)'에는 이 의미가 반영되어야 한다. 그래서 '아는 체(척)'는 사실 잘 모르면서도 아는 것처럼 행동한다는 거짓의 의미가 포함된다.

'알은체(척)'에는 '척'이나 '체'의 원뜻인 '거짓'의 의미가 포함되어 있지 않다. 사전의 의미를 보자.

> • 알은체 = 알은척
> ① 어떤 일에 관심을 가지는 듯한 태도를 보임.
> ② 사람을 보고 인사하는 표정을 지음.

사실 우리는 '알은체(척)'를 누군가를 만나 '안면이 있음을 표시함'의 뜻으로 가장 많이 쓴다. '체'나 '척'의 의미를 잃고 새로운 단어가 된 것이다. 하나의 단어이니 언제나 붙여 적어야 한다. 그런데 이 단어에서 이상한 점은 없는가? '알은체'와 '알은척'을 곰곰이 들여다보자. 금방 떠오르지 않는다면 '알다'에 주목하면서 이상한 점을 찾아보자. 좋은 질문이 제대로 된 이해를 이끈다 했다. 발견했는가?

'알은척'의 '알은'만 뽑아 생각해 보자. 이 '알은'은 아주 이상한 모양이다. '알은'이 '알다'로부터 온 것은 분명해 보인다. 그런데 오늘날 우리는 '알다'를 '알은'으로 말하는 경우는 거의 없다. '알다'라는 말로 다른 말을 꾸며 보자.

> • 그는 절제를 미덕으로 안다.

→ 절제를 미덕으로 아는 사람(현재) ← 알으는(×)

→ 절제를 미적으로 안 사람(과거) ← 알은(×)

→ 절제를 미덕으로 알 사람(미래) ← 알을(×)

'알다'가 자음과 만나면 'ㄹ'이 탈락하기 때문이다. 국어에서 '일다, 날다, 말다, 살다, 굴다' 등 'ㄹ'로 끝나는 말들은 모두 그렇다.

그런데 '알은'은 'ㄹ'을 남기고 있다. 이 말은 '알은'이 현대 우리가 쓰는 말의 원리를 따른 것이 아니라는 의미다. 그럼 '알은체'의 '알은'은 어디로부터 온 것일까? '우리의 선조들이 쓰던 말의 질서'가 반영된 말이다. 과거에 만들어진 '알은'이 단어 안에 남아 오늘날까지 전해지는 것이다. 단어와 단어가 모여 문장을 이루는 질서는 현재 우리가 말하는 질서를 반영한다. 그러니 '알은 체(척)'와 같이 띄어서 표기하는 말이 없는 것이다.

8장

시옷에 속지 말자
맞춤법의 복병, 사이시옷

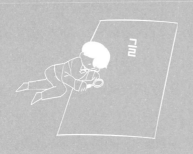

'머릿속'이라 쓰는 당신은 이미 우리말 능력자

사이시옷에 불만을 제기한 수강생이 있었다. "왜 머릿속입니까? 머리속이라 쓰면 훨씬 편한데요." 간단한 것을 왜 복잡하게 하느냐는 분노에 가까운 소리였다. "제가 안 그랬는데요." 자연스럽게 1970년대 유머로 대응했다. 그러면 누가 그랬을까? 사실 한글 맞춤법의 'ㅅ' 표기에 불만을 품은 사람은 한둘이 아니다. 그런 불만에도 맞춤법에서 금방 사이시옷 표기가 없어질 가능성이 높지 않다. 왜 그럴까?

'머리'에 '방'을 더하여 소리 내 보자. [머리방]이라 하지 [머릳빵/머리빵]이라 발음하지 않는다. '머리'에 '속'을 더하여 발음해 보자. [머릳쏙/머리쏙]이라 하지 [머리속]이라 하지 않는다. 혹 자신이 [머리속]이라 소리 낸다고 생각하는 사람이 있다면 문장에 넣어서 확인해 보라.

- 맞춤법을 생각하니 머릿속이 아프다.

문장에서 이 단어는 [머릳쏙/머리쏙]으로 소리 난다. 왜 문장 속인가? 맞춤법은 일상적 발음으로 정해진다. 일상적 발음은 문장 속에서 나오는 발음이다.

우리는 분명 '머리'에 '속'을 더했는데 왜 'ㅅ'이 'ㅆ'이 되었을까? 우리의 머릿속 규칙 때문이다. 우리의 머릿속에는 앞말의 받침에 'ㅂ, ㄷ, ㄱ'이 있으면 뒤의 첫소리를 된소리로 만드는 규칙이 있다. 된소리는 'ㄲ, ㄸ, ㅃ, ㅆ, ㅉ'다. 실제 단어로 실험해 보자.

• 밥보, 닫다, 국보

뒷말의 '보, 다, 보'가 '뽀, 따, 뽀'로 소리 난다. 이 규칙은 아주 강력하여서 예외가 없다. 우리말에 없는 단어들로 실험해도 모두 뒷말의 자음이 된소리로 난다. '압달, 닫보'와 같이 없는 단어를 만들어 읽어 봐도 우리는 된소리로 발음을 한다.

이 된소리 규칙과 '머릿속'이 무슨 관계인가? '머리+속'인데 뒷말의 '속'이 '쪽'이 되었다. 이는 '머리'와 '속' 사이에 위의 강력한 규칙이 적용되었다는 말이며 앞말에 받침이 있다는 말이다. 그 받침이 'ㅅ'이다. 'ㅅ'은 받침에서 'ㄷ'으로 소리 난다. 역시 우리가 그렇게 말한다. '옷'의 받침소리를 확인해 보자. [옫]이다. 사실 '머릿속'의 'ㅅ'은 누군가가 일부러 만든 것이 아니다. 우리가 [머린쪽/머리쪽]이라 소리 내기에 '머리'와 '속' 사이에 'ㅅ'을 적어야 하는 것이다.

이것이 '머리방'과 '머릿속' 표기의 사연이다. 이 'ㅅ'은 '~의'의 의미로 세종대왕 시절에도 쓰인 것이다. 그 긴 세월에 이

더 맞춤법

'ㅅ'이 많이 복잡해졌다. 그래서 우리말 표기 중 제법 어려운 것 중 하나다. 여기서 짚고 넘어갈 일이 있다.

- 콧김, 머릿속, 등굣길, 하굣길

이들을 '코김, 머리속, 등교길, 하교길'로 쓰면 간결하고 의미도 분명해질 것이라는 불만이 많다 했다. 하지만 불만 너머에 먼저 경탄할 일이 있다. 우리는 사이시옷을 써야 할 이 단어들을 정확히 된소리로 발음한다. 배우지 않았는데도 자동으로 그렇게 말하고 있다니 놀랍지 않은가. 그 규칙들 덕분에 우리가 우리말답게 말할 수 있는 것이다. 우리는 이미 그 규칙들을 훌륭하게 활용하는 능력자들이다. 맞춤법을 배운다는 것은 우리 안의 규칙들을 확인하는 일이다. 표기가 우리의 발음을 만드는 것이 아니다. 우리의 발음이 표기를 만드는 것이다.

'수도세'는 없다

'수도세'와 '수돗물' 표기는 우리를 당황하게 한다. 같은 '수도'에 붙었는데 '수돗물'에는 'ㅅ'을 넣고 '수도세'에는 쓰지 않다니, 이상하질 않은가? 누군가는 이렇게 말할 수도 있다. '수도세'는 없다고. 맞는 말이다. '수도세'는 엄밀히 말하면 '수도 요금'이라고 표현해야 한다. 하지만 흔히 '수도세'라고 표현해 온 말에도 우리말의 질서가 들었기에 여기서 논의하는 것이다. 우리가 쓰는 말을 들여다보는 일이 이런 문제를 푸는 데 도움을 준다.

먼저 '수도'에 '물'을 더해 소리 내 보자. [수돈물]이라 한다. 발음에서 '수도'와 '물'에는 없었던 'ㄴ'을 발견할 수 있는가? 우리의 이 'ㄴ' 때문에 수돗물에 'ㅅ'을 쓰는 것이다. 더 정확히는 '수도'와 '물'을 더할 때 사이에 'ㅅ'이 있어서 우리가 'ㄴ'을 발음하는 것이다. 그러면 원래 있었던 'ㅅ'은 왜 'ㄴ'이 된 것일까?

더 맞춤법

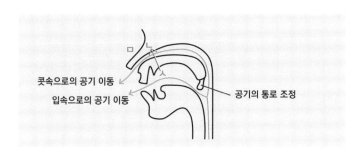

콧속으로의 공기 이동
입속으로의 공기 이동
공기의 통로 조정

　우리는 모두 두 개의 공깃길을 사용해 말을 한다. 하나는 입을 통해 소리 내는 길이고 다른 하나는 코로 소리 내는 길이다. '수도+ㅅ+물'을 발음한다고 해 보자. 'ㅅ'은 입소리이고 뒤이은 'ㅁ'은 코에서 나오는 소리다. 이들을 각각 소리 내려면 짧은 시간에 공깃길을 얼른 바꾸어야 하지만 입은 그런 복잡한 일을 하지 않는다. 콧소리인 'ㅁ'을 발음해야 한다는 것을 아는 순간 코로 가는 통로를 열어 버린다. 그러면 'ㅅ'은 같은 위치의 콧소리인 'ㄴ'으로 바뀐다. 우리 모두는 이런 원리로 소리를 낸다. 모두가 정확히 '수돗물'의 'ㄴ' 소리 때문에 'ㅅ'을 적는 것은 우리가 저절로 내고 있는 이런 소리의 원리 때문이다. 비슷한 예들을 읽으면서 'ㄴ'을 확인해 보자. 외우려고 하지 말자. 자신의 말소리의 원리를 확인해야만 맞춤법을 이해할 수 있다.

- 윗마을, 아랫마을, 깻묵, 잇몸, 빗물, 냇물, 노랫말, 존댓말, 혼잣말…
- 나뭇잎, 댓잎, 깻잎, 예삿일, 훗일…

그렇다면 '수도+세'에는 왜 'ㅅ'이 없는가? 이 말의 발음은 [수돈쎄/수도쎄]다. '세'의 'ㅅ'이 된소리가 되는 것을 보면 'ㅅ'을 넣어야 하는 위치가 맞다. 하지만 현행 맞춤법은 한자어와 한자어 사이에는 'ㅅ'을 적지 않는 것을 원칙으로 한다. 다행스러운 일이다. 한자어와 한자어 사이에 'ㅅ'을 적는다면 'ㅅ' 표기가 훨씬 더 복잡해진다. 병원의 예만을 들어 보자.

• 내과, 외과, 피부과, 이비인후과, 치과, 소아과, 마취과

한자어들 사이에 'ㅅ' 표기를 허용한다면 모두 'ㅅ'을 적어야 할 예들이다. 하지만 이를 허용하지 않은 것이다. 물론 예외 조항으로 여섯 개의 예를 두기는 하였다. 이 중에 우리가 자주 사용하는 것은 세 개뿐이다. '셋방, 횟수, 숫자'가 그것이다. 자주 사용하는 것만 기억해 두자. 다른 예인 '툇간, 곳간, 찻간'은 문서에서 사용하는 일이 드물어 점점 옛말이 되고 있다.

누군가는 이런 질문을 할 수도 있다. 고유어를 포함한 말에도 한자어에서처럼 'ㅅ' 표기를 안 할 수는 없느냐고. 언젠가는 그런 날이 올지도 모를 일이다. 언어 정책과 관련된 일이니까. 하지만 그렇게 된다 할지라도 기억할 것이 있다. 'ㅅ' 표기는 우리의 말소리 때문이지, 'ㅅ'을 적어야 한다는 맞춤법 때문은 아니었다. 'ㅅ' 표기를 하지 않는 원칙을 둔다 할지라도 말소리와 새로운 표기 사이에서 분명 혼동을 겪게 될 것이다. 지금만큼이나.

'찻잔'은 맞고 '햇님'은 틀린 이유

.

　지금까지 우리는 사이시옷을 적는 것이 우리 발음 때문임을 확인했다. 정리하면 우리가 '머릿속[머리쏙]'처럼 '속'을 된소리로 발음하거나 '윗마을[윈마을], 깻잎[깬닙]'처럼 'ㄴ'을 덧내어 소리 내기에 'ㅅ'을 적는 것이다. 이때 이 단어 속에는 하나라도 고유어가 포함되어야만 한다는 점을 익혔다. 이렇게 맞춤법 원리를 정리해 놓고 보면 우리를 당황하게 하는 것들이 생기게 마련이다. 그 대표적인 예가 '찻잔'과 '해님'이다.

　먼저 '찻잔'을 보자. 발음을 확인하기도 전부터 이상하다. '차(茶)'도 한자어이고 '잔(盞)'도 한자어이다. 아예 'ㅅ'이 들어갈 환경이 아니질 않은가? 그런데도 '찻잔'이 올바른 표기라니 당황스러운 것이 당연하다. 시선을 돌려 '필(筆)'이라는 한자의 새김을 보자. 이 새김은 '찻잔'에 'ㅅ'을 쓰게 된 사연을 말해 준다.

　• 筆: 붓 필

　오늘날 우리는 '붓'을 우리말로, '필'을 한자로 생각한다.

'필'은 한자가 분명하다. 그렇다면 '붓'은 고유어인가? 다시 정확하게 질문한다면, 이 말은 처음부터 고유어였을까? 아니다. 붓은 원래 우리나라 물건이 아니다. 오랜 옛날 중국에서 들여온 것임에 분명하다.

'붓'은 그 당시 물건과 함께 들어온 한자음이다. 이 말이 아예 우리말로 굳어져 나중에 '필(筆)'이라는 한자의 새김이 된 것이다. '차'도 마찬가지다. 새김을 보자.

• 茶: 차 다 / 차 차

이 한자는 음이 둘이다. 두 음 모두 새김이 '차'다. 앞서 본 '붓'만큼은 아니지만 '차'는 '다/차'라는 한자의 새김으로 고유어처럼 취급되고 있는 것이다. 이런 경향을 받아들인 것이 '찻잔'이라는 표기다. 이 새김에서처럼 '차'가 우리말처럼 되었다는 판단에서 'ㅅ' 표기를 허용한 것이다. '붓'이나 '차'처럼 외래어가 고유어처럼 인식되고 있는 단어들은 많다. 가방, 구두, 냄비, 담배, 빵과 같은 말들이 그런 예이다.

우리를 황당하게 하는 다른 예인 '해님'을 보자. 이 단어는 '해'와 '님'이 합해진 것으로 많은 사람들이 [핸님]이라 발음한다. 고유어가 포함되어 있고 'ㄴ'이 덧나니 '햇님'이라 적어야 하는 것이 아닌가? 그렇지 않다.

우리가 앞서 정리한 것보다 더 큰 것을 생각하여야 '해님'의 맞춤법을 이해할 수 있다. 그러면 'ㅅ'은 언제 적는가? 'ㅅ'은 '~의'의 의미를 가졌다. 기본적으로 이 '~의'를 쓰려면 명사와 명사의 결합이어야 한다. 그렇다면 '해님'의 의미는 '해의 님'일까? 그렇지 않다. 해를 높이기 위해 '님'이라는 말을 붙인 것이다. '김○○'이라는 사람을 높이기 위해 '김○○ 님'이라 할 때의 그 '님'이다. 이때의 '님'은 명사가 아니다. 애초에 'ㅅ'을 쓸 수 없는 위치이니 '햇님'이라는 표기가 잘못된 것이고 발음 역시 [해님]인 것이다.

누군가는 이런 질문을 할 수도 있다. '님(임)의 침묵' 할 때의 그 '님'이라면 '햇님'이라 적을 수 있는 것이 아니냐고. 좋은 질문이다. 이런 질문은 맞춤법 이해를 깊게 한다. 하지만 이 역시 의미를 생각해야 한다. '님(임)의 침묵'에서의 '임'은 '사모하는 사람' 즉, '연인'의 의미를 가진다. '해님'의 의미는 '해의 연인'인가? 그런 의미가 아니다. 그래서 '햇님'이 아니라 '해님'이 바른 표기다.

'숟가락'에는 왜 'ㅅ' 말고 'ㄷ'이 있을까

'젓가락'과 '숟가락' 표기가 어색하다고 생각한 적이 있는가? 'ㅅ'과 'ㄷ'의 불일치에 대한 질문이다. 이런 생각을 한 사람은 적어도 한 부분에서 칭찬받을 만하다. 관계 깊은 단어의 짝에 주목하고 그 차이를 궁금해한 것이니까. 맞춤법을 제대로 이해하는 데 필요한 질문인 것이다. 이 둘의 차이는 왜 생긴 것일까?

'젓가락'부터 보자. 이 'ㅅ'은 사이시옷이다. 앞서 배웠던 사이시옷 표기의 조건부터 확인하자.

먼저, 단어의 구성 요소 중 하나가 우리말인가? '가락'이 우리말이다. 다음, 발음이 'ㅅ'을 요구하는가? 발음할 때 '가락'의 'ㄱ'이 된소리로 되면 'ㅅ'을 넣는다고 하였다. [젇까락/저까락]으로 소리 나니 '저'와 '가락' 사이에 'ㅅ'이 표기된 것이다.

사이시옷은 '~의'의 의미였다. '머릿속'이 '머리의 속'이라는 의미인 것처럼. 그렇다면 젓가락은 '저의 가락'인 것일까? 실제로 그렇다. 물론 현재 '저'라는 단어는 쓰이지 않는다. 하지만 '저'가 우리 옛말임을 아는 것은 그리 어려운 일이 아니다.

더 맞춤법

숟가락과 젓가락을 아울러 지시하는 말인 '수저'의 '저'를 보자. '저'가 '젓가락'의 의미라는 것이 금방 확인된다.

'젓가락'은 '저'라는 단어가 사용될 때 만들어져 오늘날까지 살아남은 것이다. 그럼, '숟가락'은 어떻게 된 것일까? '수저'와 숟가락과 젓가락의 관계를 본다면 이 단어도 '숫가락(×)'으로 표기해야 하지 않을까? 그렇지 않다. 아래의 예문을 보자.

• 밥을 한술도 먹지 못했다.

'술'은 숟가락의 옛말로 오늘날에는 분량을 세는 단위로만 남아 있다. 그러면 질문이 두 개 남는다. 첫 번째 질문부터 보자. '술'의 'ㄹ'이 'ㄷ'이 된 이유는 뭘까?

• 1장 1행: 살어리 살어리랏다 청산에 살어리랏다.
• 6장 1행: 살어리 살어리랏다 바롤에 살어리랏다.

온 국민이 모두 아는 〈청산별곡〉의 일부이다. 6장에서 '바롤'에 주목하자. '바다'의 옛말이다. 바다의 'ㄷ'은 〈청산별곡〉이 불리던 고려 시대에는 'ㄹ'이었던 것이다. 국어에는 원래 'ㄹ'이었던 것이 'ㄷ'으로 바뀐 것이 그 수가 제법 된다. 이 때문에 맞춤법에서는 원래 'ㄹ' 소리였던 것을 'ㄷ'으로 적도록 하여 'ㅅ'과 구분하는 것이다. 그 예들은 아래와 같다.

• 반짇고리(바느질 + 고리), 사흗날(사흘 + 날), 섣달(설 + 달),

　이제 마지막 질문이 남았다. '수저'에서 '술'의 'ㄹ'은 어디로 간 것일까? 말의 규칙은 시간이 지나면 없어지기도 한다. 그런데 오래전에 만들어져 지금도 쓰이는 단어 안에는 예전 규칙의 흔적이 남아 있기도 하다. '수저' 역시 그런 예다. '술'과 '저'가 각각 단어로 남아 있던 그 시대에는 'ㅅ, ㅈ, ㄷ' 앞의 'ㄹ'이 탈락하는 규칙이 있었다. 그 규칙은 이제 사라졌다. 하지만 '소나무, 수저, 바느질, 부삽' 등의 단어에 그 흔적이 아직도 남은 것이다.

'햅쌀' 속 'ㅂ'의 유래

'햅쌀'이라는 단어의 표기는 좀 어색하다. 뒤에 놓인 '쌀'은 우리가 잘 아는 그 '쌀'이다. 그러면 '햅-'은 뭘까? 일상의 단어들은 '햅-'의 의미를 파악하는 데 도움을 준다.

• 햇과일, 햇고구마, 햇감자

'당해에 생산된 것'이라는 의미를 덧붙이려면 '햇-'을 붙이면 된다. 햅쌀 역시 '당해 수확한 쌀'이다. 당연히 의문이 생긴다. 왜 받침이 'ㅅ'이 아닌 'ㅂ'인가? 'ㅅ'이 아닌 이유부터 보자.

• 해쑥, 해콩, 해팥

당해 새로 수확한 쑥, 콩, 팥을 가리키는 말인데도 'ㅅ' 받침이 없다. 여기에는 사이시옷 표기 원칙 하나가 관여한다. 뒷말이 '된소리'나 '거센소리'로 시작할 때는 사이시옷을 넣지 않는다. '머리+속'과 비교하면 쉽게 이해된다. '머리+속'의 발음은 [머린쪽/머리쪽]이다. '~의 ~' 구성에서 앞말의 받침이 [ㅂ, ㄷ, ㄱ]이면 뒷말의 첫소리는 자동으로 된소리가 된다. 중요한 현상이다. '머리+속'에서 '속[쏙]'이 된소리로 나기에 앞말의 받침에 [ㅂ, ㄷ, ㄱ]으로 소리가 날 'ㅅ'을 밝혀 적는 것이다. 그런데 '쑥'은 이미 된소리이다. '콩, 팥'의 첫소리 '거센소리'에도 된소리의 속성이 들었다. 'ㅅ'을 적을 필요가 없는 위치라는 말이다. '햅쌀'의 뒷말 '쌀'은 된소리로 시작한다. 'ㅅ'을 적을 위치가 아니라는 말이다. 그렇다면 왜 '해쌀(×)'로는 적지 않을까? 현재 우리말에는 과거의 질서가 든 경우가 많다 했다. 'ㅂ'의 정체를 확인하기 위해 다른 예들을 더 살펴보자. 아래 예들에는 모두 'ㅂ'이 들었다.

• 찹쌀, 좁쌀, 멥쌀

현재 우리말은 단어 첫머리에 자음이 두 개 이상 오지 못한다. 단어 초에 '세 개'의 자음이 온 'spring(봄)'을 우리말답게 소리 내려면 '스프링'이라고 할 수밖에 없는 이유다. 세종대왕이 살아 계시던 15세기에는 그렇지 않았다. 단어의 첫머리에 두 개 이상의 자음이 왔음을 문증하는 예가 많이 나타난다.

• 쌀(米), 뜯(意), 삐(種), 쓰-(苦, 用), 뿔(蜜), 빼(時), 삐르-(刺)

'쌀'은 15세기에 '쌀'로, 단어 첫머리에 'ㅂ, ㅅ'을 갖던 단어였다. 이 단어들의 첫소리가 거의 모두 된소리로 변하고 단어

더 맞춤법

첫머리에 관련된 규칙이 변하는 과정에서 이 예들은 모두 사라졌다. 하지만 그 흔적조차 모두 없어진 것은 아니다. '쌀'과 결합해 쓰이던 '햅쌀, 찹쌀, 좁쌀, 멥쌀'에는 옛날 '쌀'이 가졌던 첫소리 'ㅂ'을 오늘까지 남기고 있는 것이다.

그렇다면 '보리쌀'이 '보립쌀(×)'로 소리 나지 않는 이유는 뭘까? 옛 문헌은 그 이유에 대한 실마리를 준다. 세종대왕이 살았던 15세기 문헌에는 '보리쌀'이라는 단어가 발견되지 않는다. '보리뿔'이라는 단어가 처음 나온 것은 17세기에 이르러서다. 그만큼 연원이 짧은 단어라는 의미다. 게다가 이 17세기는 '뿔'이라는 단어가 '쌀'로의 변화를 시작한 시기이기도 하다. 이런 두 가지 사정이 현재 '보립쌀(×)'이라는 발음이 남지 않은 이유를 설명하고 있는 것이다.

'헛고생' 속 'ㅅ'은 빼야 하는 것 아닐까

우리는 이미 사이시옷 표기 원리에 대해 배운 바 있다. 한자어에는 사이시옷을 넣지 않는 것이 원칙이며 예외는 아래 여섯 개뿐이다.

• 곳간, 셋방, 숫자, 찻간, 툇간, 횟수

이 원칙을 이미 아는데도 자꾸 혼동되는 것들이 생긴다. 아래 예들을 보자.

① 허점(○), 헛점(×)
② 헛고생(○), 허고생(×) / 헛소문(○), 허소문(×)

모두 '허(虛)'와 결합해 생긴 말들이다. 뒤에 온 말은 '점(點), 고생(苦生), 소문(所聞)'으로 한자어이다. 그런데도 이들의 표기 원칙에 차이가 난다. '허점(虛點)'은 사이시옷을 적지 않아야 하지만 '헛고생, 헛소문'은 'ㅅ'을 넣는 것이 올바른 표기다.

더 맞춤법

왜 이런 일이 생길까? 새 단어를 만드는 가장 좋은 방법은 이미 있는 말을 활용하는 것이다. 그래야 이전 말의 의미가 남아 새 단어가 통용되기가 쉽다. 그런데 이전 말을 활용해 만든 새말은 크게 두 가지로 나눌 수 있다.

새말의 종류	합성어		파생어(접두사)	
단어의 구조	실질적 의미	실질적 의미	형식적 의미	실질적 의미
예	꽃 + 밭 = 꽃밭		맨- + 손 = 맨손	

'꽃밭'의 '꽃'과 '밭'은 모두 실질적 의미를 갖는 말이다. '맨발, 맨손, 맨땅'은 좀 다르다. 실질적 의미는 '발, 손, 땅'에 있다. '맨-'의 의미가 무엇인지는 확실하지 않다. 새 단어 안에서 이렇게 의미가 약한 부분을 '접사'라 한다. 위의 '맨-'은 단어들의 앞에 붙었으니 '접두사'라고 이름을 붙일 수 있다.

접사, 접두사와 같은 말들이 어렵지만 이런 말들 덕에 맞춤법을 이해하기가 더 쉬워질 수 있다는 점에 주목해야 한다. '헛고생, 헛소문'을 보자. 이 단어들은 '실질적 의미'에 '실질적 의미'가 합쳐진 것들일까? 그렇지 않아 보인다. 아무래도 앞부분의 의미가 약하다. 이 단어들은 모두 접두사가 붙은 파생어들이다.

그러면 사이시옷은 새말의 종류 중 어디에 붙는 것일까? 사이시옷은 의미상 '~의 ~' 구성일 때 적는다. 단어를 구성하는 앞뒤 요소 모두 실질적 의미를 가질 때 'ㅅ'을 적는 것이다. 그러니 '헛고생'은 '허+ㅅ+고생'이라 볼 수 없다. 아무래도 '허의 고생(×)'이라는 의미는 추출되질 않으니까.

> • 헛걸음, 헛고생, 헛소문, 헛수고, 헛살다, 헛디디다, 헛보다

'헛고생, 헛소문'은 모두 접두사 '헛-'과 결합된 파생어이다. '고생, 소문'에 그보다 의미가 약한 접두사 '헛-'이 붙어 만들어진 단어인 것이다. 물론 접두사 '헛-'은 어원적으로 '허(虛)+ㅅ'에서 온 것이다. 하지만 현재, '헛'에 든 '허'는 실질적 의미를 잃었다. 그래서 '헛-'이라는 접두사로 쓰여 '이유 없는, 보람 없는'의 뜻을 더할 뿐이다. 이 접두사는 생각보다 많은 새 단어를 만들었다. 그것이 우리가 일상에서 만나는 위 단어들이다.

9장

한 칸에 속지 말자
띄어쓰기가 어려운 말

'같은'은 띄어 쓰지만 '같이'는 붙일 때도 있다

· 엄마와 <u>같이</u>(①) 온 그 아이는 천사<u>같이</u>(②) 예뻤다.

　같은 모양의 ①, ②가 하나는 앞말과 띄어 적고 다른 하나는 앞말에 붙여 적어야 한다. 공식 문서에서조차 띄어쓰기 오류가 자주 나타나는 예 중 하나다. 이유는 뭘까?

　①을 구분하는 것이 더 쉽다. 비슷한 말을 생각해 보자. '함께'나 '아울러'라는 단어를 떠올릴 수 있을 것이다.

　· 나랑 같이(＝함께) 가자.

　'함께'는 부사다. 비슷한 말인 '같이' 역시 마찬가지다. '같다'에서 왔겠지만 '-이'가 붙어 완전히 부사가 된 말이다. 하나의 단어이니 앞말과 띄우는 것이 맞다. 각 단어는 띄어 쓰는 것이 맞춤법의 대원칙이니까. 문제는 ②다. '같이' 역시 '같-'에 '-이'가 붙었으니 역시 부사가 아닐까? 지금은 아니다. 아래 문장을 보자.

• 나부터 잘해야 일이 잘된다.

'부터'의 띄어쓰기를 혼동하는 사람은 거의 없다. 그런데 이 말은 사실 '붙다'로부터 온 말이다. '붙-+-어'라는 형태로 쓰이다가 어느 시기에 '붙다'로부터 멀어져서 앞말과 뒷말의 관계를 표시하는 역할을 하게 된 말이다. 말들의 관계를 맺어 주는 품사는 '조사'다. 오늘날 이 '부터'는 완전히 조사로 되어 버렸다.

이와 동일한 길을 가고 있는 것이 '같이'다. '같다'는 원래 '다르지 않다'는 의미의 형용사다. 그러면 아래 문장들의 '같이'가 그런 의미인지를 확인해 보자.

• 얼음장같이 찬 바닥 / 눈같이 흰 얼굴 / 소같이 일한다

여기서 '같이'는 '앞서 보인 단어의 속성처럼'을 표시하는 조사다. 즉, 이 문장들의 '같이'는 '처럼'의 의미로 쓰인다. 그리고 '처럼'이 조사이듯 위 문장들의 '같이' 역시 조사다. 우리가 첫 번째 보았던 문장에서 ②를 붙여 쓰는 이유는 이 단어가 조사가 되었기 때문이다.

비슷한 의미이긴 하지만 '같은, 같을'과 같은 것들은 아직 형용사이기에 앞말과 띄어 써야 한다는 점도 함께 기억해 두자.

• 천사 같은 마음씨를 가진 그녀다.

복잡한 것을 본 김에 단어 두 개를 더 보자. '감쪽같이'나 '똑같이'의 띄어쓰기는 어떨까? 배운 대로 하면 '함께'의 의미는 아니니 앞말에 붙여 적는다고 말할 수 있다. 좋은 시도다. 하지만 이 말 안의 '같이'는 조사가 아니다. '감쪽같이'와 '똑같이'는 그 자체가 하나의 단어다.

우리 머릿속에는 사전이 있다. 어떤 단어의 연쇄는 많이 사용되어 힘을 얻으면 새로 하나의 단어가 된다. '감쪽같이'나 '똑같이'는 그런 단어들의 예다. 단어가 되었는지 새로운 의미를 가졌는지를 판단하는 것은 국어학자들의 몫이다. 하나의 단어가 되었다고 판단된 것이 사전에 실린다.

어제 시장에서 살 걸 살걸

‘소중한걸’과 ‘소중한 걸’의 띄어쓰기를 보자. 두 가지 다 맞는 표기다. 어떤 차이가 있는 걸까?

• 그 사람이 네게 그렇게 소중한 걸 몰랐다.

여기서 ‘걸’은 ‘것을’의 준말이다. 잘 알다시피 ‘것’은 우리말의 대표적 의존 명사다. 의존 명사는 언제나 앞에 꾸미는 말이 필요하다. ‘소중하다’가 ‘것’을 꾸미기 위해 ‘-ㄴ’이 붙어 나타난 것이다. 의존 명사를 앞말과 띄어 쓴다는 것은 우리말 표기에서 중요한 사항이다. 위 문장의 ‘소중한 걸’은 의존 명사 띄어쓰기 원리를 제대로 준수한 것이다.

• 그 사람은 이미 떠난걸.
• 누구나 다 그렇게 살걸.
• 미리 자 둘걸.

그렇다면 띄어쓰기를 하지 않는 '-ㄴ걸'은 어떨까? 이 예들에서는 '-ㄴ걸'이 문장의 마지막에 온다. 문장의 맨 끝에 오는 것은 주로 어떤 역할을 하는가? 문장을 끝맺는 역할을 한다. '-ㄴ걸'이나 '-ㄹ걸'은 종결 어미다. '종결 어미'라는 말은 말 그대로 문장을 끝내기 위해 사용되는 어미라는 말이다. 그래서 앞말에 붙여서 적는 '-ㄴ걸'은 앞서 본 의존 명사를 쓰는 것과는 문법적 역할이 다르다.

두 가지 의문점을 떠올려 보자. 첫 번째로 가능한 질문은 붙여서 적는 '-ㄴ걸'의 뒤에 다른 것이 올 수도 있지 않느냐는 것이다. 종결 어미가 아닐 수도 있다는 의미다. 실제로 '-ㄴ걸'이나 '-ㄹ걸' 뒤에 다른 것이 나타날 수도 있다.

- 그 사람은 이미 떠난걸 뭐.
- 누구나 다 그렇게 살걸 뭐.

하지만 마지막의 '뭐'는 앞 요소의 문법적 특성에 크게 영향을 미치지 않는다. '뭐'가 왔다 할지라도 '-ㄴ걸'이나 '-ㄹ걸'이 앞말을 끝나게 하는 역할을 한다는 점에는 변함이 없다.

두 번째 질문은 보다 본질적이어야 한다. '-ㄴ걸'이나 '-ㄹ걸' 역시 '-ㄴ 것을', '-ㄹ 것을'로부터 온 것이 아닐까 하는 의문이다. 이런 생각을 띄어쓰기에 반영한다면 '소중한 걸'과 '소중한걸'이 동일할 것이다. 띄어쓰기의 어려움은 훨씬 줄어들 수 있다. 실제로 이 '-ㄴ걸'이 '-ㄴ 것을'로부터 왔을 가능성이 높다. 문제는 '-ㄴ걸'이 '-ㄴ 것을'이 갖지 않은 의미를 가진다는 점이다. 의미를 비교해 보자.

　① 네게 그 사람이 그토록 소중한 걸 몰랐어.
　② 지금 생각해도 그토록 소중한걸.

　어떤 차이가 있는가? ②에는 ①에 없는 의미가 들었다. 일단 감탄의 의미가 들어 있고 또 지나간 일에 대한 후회가 담겨 있다. ①에는 없는 것들이다. 어원적으로 '-ㄴ 것을/-ㄹ 것을'에서 왔다 할지라도 다른 것으로 바뀌었다면 새로운 질서를 표기에 반영하여야 한다. '-ㄴ걸/-ㄹ걸' 역시 마찬가지다. '감탄, 후회'라는 의미와 종결의 역할에 주의하여 '-ㄴ걸/-ㄹ걸'과 '-ㄴ 걸/-ㄹ 걸' 띄어쓰기를 구분해야 하는 것이다.

늘 '자는 데'서 '자는데' 웬 참견이오

'먹는데'로 써야 할까, '먹는 데'로 적어야 할까? 당연히 '먹는데'가 맞는 표기가 아닐까? 하지만 이 둘은 모두 맞는 표기다. 이 띄어쓰기를 결정하는 것은 문장의 의미다. 맥락에 따라 띄어쓰기가 달라질 수 있기 때문이다.

무엇이 다른지부터 이해해야 한다. 띄어 적어야 하는 '데'부터 보자. 띄어 적어야 한다는 것은 어떤 의미였는지부터 정리하는 것이 순서다. 띄어쓰기의 두 가지 원칙을 기억해 보자. 단어는 띄어 적는다는 것, 그리고 조사는 앞말에 붙여 적는다는 것이었다.

이에 따르면 띄어 적는 '데'는 단어다. 하나의 의미를 가지고 홀로 설 수 있는 요소라는 의미다.

• 아무 데나 앉아라.

여기서 '데'는 '곳, 장소'를 의미한다. 예문을 더 보면서 이 단어의 공간적 의미를 확인해 보자. 이 단어의 띄어쓰기는 의미를 제대로 포착하는 것과 관련되니까.

- 자주 가는 데가 있어요.
- 중요한 데는 구별해 두는 것이 좋다.

위 예들 안에서 '공간'의 의미를 확인할 수 있다면 이 '데'의 띄어쓰기에 조금 더 접근할 수 있다. 그런데 '데'는 조금 더 넓은 의미로 확장되기도 한다.

- 일이 이렇게 된 데에는 너에게도 책임이 있다.

위의 '데'는 '공간'의 의미가 없는 것처럼 보인다. '데'의 공간적 의미가 더 확대되어 현재에는 '경우나 처지' 등을 포함하는 단어가 되었기 때문이다. 이런 경우에도 '데'는 '경우, 처지, 측면' 등의 다른 단어로 바꿀 수 있다. 이렇게 바꿀 수 있다는 것 자체가 명사라는 의미다. 그렇다면 '먹는데'는 의존명사 '데'와 어떻게 다를까?

- 밥을 먹는데 그 이야기가 나왔다. → 먹는 공간(×)
- 애는 쓰는데 결과가 좋지 않다. → 쓰는 공간(×)

여기에 포함된 '데'는 앞서 본 '데'가 아니다. 이 예들은 '먹는 장소'나 '쓰는 곳'으로 해석되지 않는다. 다른 명사로 바뀌지도 않는다. 그렇다면 '먹는데, 쓰는데' 속의 '데'는 무엇일까?

실은 분리되는 것이 아니다. '먹다, 쓰다'에 '-는데'가 붙은 것이다. 아래 예를 보자.

- 밥을 먹었다. 그런데 그 이야기가 나왔다.
→ 밥을 먹는데 그 이야기가 나왔다.

이 '-는데'는 위의 두 문장을 하나로 연결할 때 쓰는 것이다. 정리해 보자. 띄어쓰기를 해야 하는 '데'는 공간이나 장소의 의미가 들어 있을 때뿐이다. 이 의미로 '-는데'와 구분된다. 그래도 어렵다면 조사를 붙여 보는 것도 도움이 된다.

- 그는 의지할 데가 없는 사람이다.
- 예전에 가 본 데가 어딘지 잘 모르겠다.

'데'는 명사이니까 조사가 쉽게 연결된다는 점을 활용하는 것이다.

'돌아가다'는 한 단어이니 붙여 써야만 할까

흔글 문서에서 '돌아 가다'를 컴퓨터 자판에 쳐 보자. 글자 아래 빨간 줄이 그어진다. 잘못 적었다는 생각이 든다. 얼른 '돌아가다'로 띄어쓰기를 조정하면 빨간 줄이 없어진다. '돌아가다'가 맞고 '돌아 가다'는 틀린 표기라 생각하게 된다. 정말 그럴까? 컴퓨터의 맞춤법 수정 기능이 날로 좋아지고 있다. 하지만 컴퓨터는 우리가 어떤 의도로 그 말을 입력하는지를 알지 못한다. 문장에서 그 단어가 어떤 역할을 하는지를 모른다는 의미다.

우리 머릿속에는 단어들이 들어 있는 사전이 있다. 문장을 만들 때 우리는 그 머릿속 사전에서 단어를 찾아서 쓴다. '돌아가다'로 붙여 적는 것은 머릿속 사전에 하나의 단어로 기록된 단어들이다. 하나의 단어들이니 의미 역시 각기 하나다.

- 팽이가 돌아간다. → 회전하다
- 2년 전 할머니가 돌아가셨다. → 죽다
- 고향에 돌아가기를 원한다. → 귀환하다

더 맞춤법

'돌아가다'는 과거의 어느 시점에 '돌다'와 '가다'가 합쳐져 만들어졌겠지만 하나가 돼 머릿속에 실렸을 때는 '돌다', '가다' 각각의 단어와는 다른 새로운 의미를 갖게 된다. 그것이 이 단어가 가진 '회전하다, 죽다, 귀환하다'의 의미다. 중요한 것은 '돌아가다'가 있다 해서 '돌아 가다'라는 표기가 틀린 것은 아니라는 점이다. 우리의 머릿속 사전에는 '돌아가다'라는 단어와 별개로 '돌다'와 '가다'라는 단어도 있다. '돌다'와 '가다'라는 단어를 그대로 연결해서 문장을 만들 수도 있다는 말이다.

- 앞 건물을 돌아서 쭉 가면 학교가 나온다.
→ 앞 건물을 돌아 가면 학교가 나온다.

이 문장에서 '돌다'와 '가다'는 각각의 의미를 나타낸다. 이 문장은 표현 그대로 '돌아서 가는' 행동이 나타난다. 이들이 하나의 단위가 되지 않았다는 의미다. '돌다'와 '가다' 사이에 '돌아서 쭉 가면'처럼 '-서'나 '쭉' 같은 것이 끼어들 수 있다는 것에도 주목해 보자. 이들이 하나로 취급되지 않는다는 점을 뚜렷이 보이는 대목이다. 하지만 '돌아가다'는 이런 것이 불가능하다. 만약 무엇이 개입하면 다른 뜻으로 해석된다.

- 팽이가 돌아서 쭉 간다.
- 2년 전 할머니가 돌아서 멀리 가셨다.
- 고향에 돌아서 쭉 가길 원한다.

사전에는 '돌아가다'만 나오지 '돌아 가다'는 나오지 않는다. 그러니 '돌아가다'라는 띄어쓰기만 올바르다고 생각하는 사람도 많다. 이런 생각은 맞춤법을 제대로 이해하는 방식이 아니다. 우리가 맞춤법을 배우는 이유는 정확한 표현을 위해서다. 정확한 표현은 단어로만 이뤄지는 것이 아니다. 우리는 단어를 모아 문장을 만들고, 문장들이 모여 단락을 구성해 전체 글을 이룬다. 맞춤법을 단어 차원으로만 이해해서는 어려운 단어 몇 개의 표기만을 알게 될 뿐이다. 지엽적인 문법 정보를 익히는 데 그친다는 의미다. 보다 더 큰 단위에서 단어들의 배열에 관심을 가져야만 우리말의 본질적인 특성을 이해할 수 있게 된다. 그 본질적 특성에 입각해 맞춤법을 생각해야 정확한 언어 표현을 할 수 있다.

노래를 못해 부끄러워서 못 했다

어떻게 띄어 쓰는지 궁금할 때, 많은 사람들이 사전을 참조한다. 나쁘지 않은 방법이다. 하지만 아주 좋은 방법도 아니다. 왜 그러한가? 일상적으로 어려워하는 예들 중 하나인 '못하다, 못 하다'를 들어 보자. 사전을 뒤지거나 인터넷을 검색하면 '못하다'가 나온다. 이 결과만을 참조하여 '못하다'는 붙여 적는다 생각하면 성급한 것이다. '못하다'로 적어야 하는 것도 있지만 '못 하다'로 띄어야 하는 것도 있기 때문이다. '못하다/못 하다'에 관련된 띄어쓰기는 세 가지나 된다. 실제 문장을 생각해 보자.

노래방에서 평소 좋아하는 노래를 예약해 두었다. 그런데 시간이 모자라 그 노래를 부를 수 없었다. 이 경우에는 어떻게 적어야 할까? '나는 노래를 못 했다'이다. 반대로 친절한 노래방 주인 덕분에 시간을 더 얻어 노래를 불렀다 치자. 그런데 함께 한 사람들이 노래를 듣기 거북해하는 상황이다. 이는 어떻게 적어야 하는가? '나는 노래를 못했다'이다. '못 했다'든 '못했다'든 모두 우리말 띄어쓰기 원리를 제대로 지킨 것이다. 사전

검색이 띄어쓰기의 정답을 제시하지만은 않음을 제대로 보인 예다.

어떤 의미로 말을 하느냐에 따라 띄어쓰기가 달라질 수도 있다. 때문에 우리는 스스로 사용하고 있는 말을 들여다보아야 한다. 우리말의 띄어쓰기 원리는 비교적 간단하다. 문장의 각 단어는 띄어 적는 것이 원칙이다. 여기서 문제는 '단어'인지 아닌지를 어떻게 아는가이다. 우리가 쓰는 말을 들여다보아야 이를 알 수 있다. 문장에 적용해 보자.

> ① 노래를 **못**(부정) <u>하다</u>(서술어)
> ② 노래를 **못하다**(서술어)

시간이 모자라 노래를 부를 수 없었던 경우인 ①에는 '못'과 '하다'가 각기 독립적 의미를 가진다. 하나하나가 단어인 것이다. 그러나 ②는 그렇지 않다. '못+하다'의 형식을 띠고 있지만 새로운 의미를 가져 ①과는 전혀 다른 단어가 된 것이다.

앞서 사전 속에서 보았던 '못하다'는 '어떤 일을 일정한 수준에 못 미치게 하다'라는 의미로 ②에 해당한다. 결국 스스로 어떤 의미로 쓰는지를 확인해야만 띄어쓰기를 완성할 수 있다. 사전에는 ②와 같이 단어가 만들어진 경우를 주로 보인다. 그래서 검색하면 붙여 적은 예만 나타난다.

사전 속에 각각 들어 있는 '못'과 '하다'로 얼마든지 문장을 만들 수 있다는 점을 잊지 말자. 이런 경우에는 당연히 띄어 적는 것이 바른 표기다.

'못하다'와 관련된 마지막 띄어쓰기가 남았다. 문서 작업에서 자주 틀리는 중요한 띄어쓰기다. 앞서 본 '노래를 못 하다'와 같은 의미의 문장을 만들어 보자. 우리는 '노래를 못 하다'를 '노래를 하지 못하다'라고 말하기도 한다. 이때의 '못하다'는 언제나 붙여 적어야 한다.

① **노래를 못**(부정) **하다**(서술어)
③ **노래를 하지**(서술어) **못하다**(부정)

③에서의 '못하다'는 ①처럼 각각의 의미를 가진 것이 아니다. '하다'를 부정하는 역할밖에는 하지 않으니까. 그래서 항상 붙여 적는다. 똑같이 붙여 적더라도 ②와 ③은 전혀 다른 의미의 단어다. 하지만 이 둘을 붙여 적는 이유는 같다. '못'과 '하다'가 결합하여 새로운 하나의 단어를 만들었기에 붙여 적는 것이다.

두 가지 품사로 쓰이는 '만큼'

'만큼'은 띄어야 할까, 붙여야 할까? 붙이는 '만큼'도 있고, 띄우는 '만큼'도 있다. 이 단어의 품사는 둘이기 때문이다. 품사는 단어들을 특성에 따라 구분해 놓은 것이다. 국어에는 50만 개 이상의 단어가 있지만 국어의 품사는 아홉 개뿐이다. 그렇게 많은 단어를 고작 몇 개로 구분할 수 있으니 이득이 아닌가?

맞춤법을 위해 품사 자체를 외울 필요는 없다. 가끔 품사를 알아야 이해가 쉬운 문법들이 있다. 그럴 때 필요한 말들로 이해하면 된다. '만큼'의 띄어쓰기를 이해하는 데는 품사라는 말이 유용하다. 다시 돌아가 '만큼'의 품사는 두 개다. '의존 명사'와 '조사'다.

국어의 띄어쓰기 원칙은 단어는 띄어 쓰고, 조사는 앞말에 붙여 적는 것이다. 이에 따르면 의존 명사 '만큼'은 띄어야 할 것이고 조사 '만큼'은 붙여 적어야 한다. 이 둘을 어떻게 구분하는가?

- 맞춤법만큼은 제대로 하고 싶다.

앞말에 붙여 쓰는 조사 '만큼'의 예다. 조사 앞에는 어떤 품사가 오는가? 쉬운 문장으로 생각해 보자. '영희는 학교에 간다'라는 문장에서 조사는 '는, 에'다. 그 앞에 무엇이 왔는가? '나, 너, 영어, 국어, 문법, 노트, 컴퓨터'와 같은 명사류가 온다. 실제로 '나, 너'는 대명사이지만, 띄어쓰기에서는 명사처럼 행동하므로 굳이 구분하지 않아도 좋다. 이런 명사류 뒤에 오는 '만큼'은 붙여 적으면 된다.

- 영어를 국어만큼 잘하고 싶다.

단어는 원래 혼자 있지 않다. 문장 속 다른 말과의 관계에서 자격이 결정되기도 한다. '만큼'이 대표적인 예다. '만큼'의 띄어쓰기는 앞말에 어떤 것이 오는가에 달린 것이다.

- 노력한 만큼 성과가 있다.

이 단어를 띄어 쓰는 이유는 뭘까? 앞말인 '노력한'의 기본형을 잡아 보자. 이 '노력하다'는 동사다. 국어에서 기본형이 있는 것은 동사, 형용사다. 그리고 조사가 아닌 품사는 모두 띄어 적는다. 품사는 단어를 나눈 것이라 했다. '노력하다'는 동사이니 '만큼'과 띄어 적는 것이 당연하다. 여기서 '노력하-'에 붙은 '-ㄴ'을 보자. 우리는 이 '-ㄴ'을 언제 쓸까?

• 노력한 사람, 노력하는 사람, 노력할 사람

'노력하-'에 붙은 '-ㄴ, -는, -ㄹ'은 모두 뒤의 '사람'을 꾸미는 역할을 한다. 꾸미는 것과 '사람' 사이를 띄우는 것은 우리에게 그리 어려운 일이 아니다. 같은 위치에 '만큼'을 놓아 보자.

• 노력한 만큼, 노력하는 만큼, 노력할 만큼

이처럼 '만큼'은 앞말의 품사가 명사인지 기본형을 잡을 수 있는 동사, 형용사인지를 확인하면 띄어쓰기를 결정할 수 있다. 그러면 띄우는 '만큼'의 품사에는 왜 의존이 붙을까? 이 '만큼'은 꾸미는 말이 있어야 문장에 올 수 있다. 위 문장에서 '노력한, 노력하는, 노력할'이 없으면 '만큼'은 문장에 나타날 수 없다. 명사이긴 한데 꾸미는 요소에 기대어야만 하니 '의존 명사'인 것이다.

창문 '밖에' 바다'밖에' 보이지 않는다

내 안의 문법을 끌어내려면 스스로 문장을 만들며 생각하는 것이 좋다. '밖에'의 띄어쓰기를 배우려면 먼저 '밖에'가 포함되는 문장을 떠올리는 것이 좋다.

- 우리 밖에 있자.
- 창문 밖에는 아무것도 보이지 않는다.

질문을 하나 더 해 보자. 이 '밖에'의 띄어쓰기가 고민되는가? 언뜻 듣기에 이상해 보이는 질문이다. '밖에'를 앞말과 띄어 적는 것이 너무 당연해 보이니까. 그렇다. 위 예들에서 '밖에'의 띄어쓰기는 아주 쉽다.

우리말 띄어쓰기의 첫 번째 원리는 '단어는 띄어 적는 것'이다. '밖'은 어떤 선이나 면 등 공간의 외부 즉, 바깥을 의미하는 단어다. 앞말과 다른 단어이니 '밖'을 띄어 적는 것이 당연하다. 여기서 '밖'에 붙은 '에'는 조사다. 조사를 앞말에 붙여 적는 것은 띄어쓰기의 두 번째 원리다.

당연한 질문을 왜 하는 것일까? 앞말에 붙여 적어야 하는 '밖에'도 있기 때문이다. 그래서 이 '밖에'의 띄어쓰기는 흔히 혼동된다. 아래 문장들을 보자.

- 우리 둘밖에 남지 않았다.
- 돈이 천 원밖에 없다.

위 문장에서 '밖에'는 모두 앞말에 붙여서 적어야 한다. 똑같이 생긴 '밖에'가 경우에 따라 띄어쓰기가 달라지니 혼동되기 십상이다. 이들을 어떻게 구분해야 할까?

앞서 본 띄어쓰기의 두 가지 원리에 주목하자. 단어는 띄어 적는다 했다. 띄어 적어야 하는 '밖에'가 독립된 단어라는 의미다. 의미의 독립성을 확인하기 위해 반대말을 활용해 보자. '밖'의 반대말은 무엇인가? '안'이다. 독립적인 단어 '밖'은 언제나 독립적 단어 '안'이라는 단어와 의미 관계를 맺으며 존재한다. 이 관계 때문에 앞서 보았던 문장들의 '밖'을 '안'이라는 단어로 바꾸는 것이 가능하다. 물론 의미는 반대가 되지만 문장 자체가 잘못된 것으로 바뀌지는 않는다. 확인해 보자.

- 우리 안에 있자.(○)
- 창문 안에는 아무것도 보이지 않는다.(○)

그러나 조사 '밖에'는 그렇지 않다. '안에'와 바꾸면 이상한 문장이 된다.

- 우리 둘안에 남지 않았다.(×)
- 돈이 천 원안에 없다.(×)

왜 이런 일이 생기는 것일까? 붙여 적어야 하는 '밖에'가 공간적 의미의 '안-밖'과는 다른 단어가 되었기 때문이다. 오늘날 '밖에'는 '밖'이라는 단어에서 독립한 '그것 말고는, 그것 이외에는'이라는 의미의 조사다. 그래서 이 '밖에'는 항상 앞말에 붙여 적어야 한다.

재미있는 것은 조사 '밖에'가 항상 부정적인 단어들과 어울린다는 점이다. '밖에'의 띄어쓰기가 혼동된다면 '밖에'를 '안에'로 바꿀 수 있는지, 부정적 단어와 함께 놓이는지를 확인하면 된다.

'이다'는 'be 동사'와 다르다

인터넷을 잠깐만 들여다보아도 만나는 오류들이 있다.

- 로딩중 입니다.(×)
- 너무 감동 이라 옮겨 봅니다.(×)
- 대장 이라고 부른다.(×)

거의 대부분의 사람들은 안다. 아래와 같이 띄어쓰기를 고쳐야 한다는 것을.

- 로딩 중입니다.
- 너무 감동이라 옮겨 봅니다.
- 대장이라고 부른다.

그런데 이 띄어쓰기에 의문을 품어 본 일이 있는가? 국어의 '이다'는 아무래도 좀 이상하다.

더 맞춤법

- 이고, 이어서, 인, 이므로, 이니까, 이더라도, 이지만, 일지언 정…

모두 '이다'가 달라진 것들이다. 어떤 조사도 문장에서 이렇게 달라지지 않는다. 이렇게 달라지는 것은 '가다'나 '예쁘다'와 같은 동사, 형용사들뿐이다. 앞말에 붙여 적는 말이 이런 변화를 겪는 일은 없다. 혼동하는 것이 어쩌면 당연할 수도 있다는 말이다. '이다'를 앞말에 붙여 적어야 하는 이유가 이런 당연함보다 더 커야 관련된 맞춤법을 제대로 이해할 수 있다.

잠깐 영어를 예로 들어 생각해 보자. 국어의 '이다'처럼 보이는 단어는 무엇인가? be 동사다.

① She is pretty. → 그녀가 예쁘다.
② She is Jinhi. → 그녀가 진희이다.

be 동사는 이름 그대로 동사이며 국어와 달리 띄어서 적는다. 이 말은 위 문장들의 be 동사와 우리의 '이다'가 크게 다른 점이 있다는 것을 함의한다. 무엇이 다른 것일까?

①의 영문과 우리말을 비교하면서 차이를 확인해 보자. 국어의 '예쁘다'는 영어로 무엇인가? 'pretty'가 아니다. '예쁘다'는 영어로 'is pretty'이다. 국어의 형용사 안에는 이미 'is'가 들어 있다. '예쁘다'만 그런 것이 아니라 '크다, 작다, 길다, 가깝다' 등 영어로 번역이 가능한 거의 모든 형용사가 그러하다.

그러니 국어에는 ①처럼 작용하는 be 동사가 없어지게 되는 것이다. 국어에서 '이다'를 별도의 동사로 보지 않는 이유다. 이미 형용사 안에 들어 있는 것을 분리할 수는 없다. 국어에 ①의 용법이 없음을 알았으니 국어에 '이다'가 나타나는 경우는 ②로 한정된다. ②의 '이다'가 서술격 조사인 이유를 밝혀 보자.

• 그녀가 진희이다.

조사는 문장 속 단어에 자격을 주는 일을 한다. 위 문장에서 '그녀'는 주어다. 이 단어가 주어가 되도록 자격을 준 것, 그것이 주격 조사 '가'이다. 자격을 준 것과 자격을 받은 것을 붙여 적는 것이 우리말의 띄어쓰기 원리다. 이 문장의 서술어인 '진희이다'를 보자. '진희'가 서술어가 되도록 자격을 준 것이 무엇인가? '이다'다. 그래서 이 조사의 이름이 '서술격 조사'다.

국어의 '이다'는 다른 조사와 달리 형태가 변한다. 하지만 국어의 '이다'는 다른 조사들이 하는 일과 같은 역할을 한다. 조사의 역할에 충실하기에 '이다'를 조사라 보아 앞말에 붙여 적는 것이다.

더 맞춤법

'한잔' 사겠다더니 정말 '한 잔'만 사네

'한번'이라고 적어야 할까, '한 번'이라고 적어야 할까? 이런 질문에는 사안을 더 복잡하게 만드는 함의가 들었다. 맞춤법은 둘 중 하나를 선택하는 것이라는 생각이다. 둘 중 하나가 맞을 것이라고 생각하는 사람들은 주로 사전을 맞고 틀림의 기준으로 삼는다. 사전을 찾아보자. '한번'은 사전에 실려 있지만 '한 번'은 사전에서 찾을 수 없다. 그러니 '한번'이 맞는 표기라고 생각한다. 그러고는 '한'과 '번'과 관련된 띄어쓰기를 '한번'이라고 외워 버린다. 문제는 거기서 발생한다.

항목이 두 개라면 경우의 수는 네 개다. 둘 중 하나가 맞는 경우도 있지만 모두 틀리는 경우와 모두 맞는 경우도 있다. 이를 '한'과 '번'의 띄어쓰기에 적용해 보자. '한 번'이라는 띄어쓰기가 맞는 경우도 있고, '한번'이라는 띄어쓰기가 맞는 경우도 있다. 의미가 어떤가에 따라 달라진다는 것이다. 더 이해하기 쉬운 '한 번'부터 보자.

• 한 번만 해야 해, 두 번은 안 돼.

띄어쓰기의 원칙은 단순하다. 단어는 띄어 쓰는 것이다. '한'과 '번'을 띄어 쓴다는 것은 '한'과 '번'이 각각 단어여서 각자 뜻을 가진다는 의미다. '한'의 가장 기본적인 의미는 수량상의 '하나'라는 의미다. 즉, 띄어 쓰는 '한 번'은 '두 번, 세 번'과 짝을 이루는 말이다. '두 번'이나 '세 번'을 사전에서 찾아본 일이 있는가? 당연히 이런 단어는 사전에 나오질 않는다.

국어에서 각각의 단어들이 문장에 나올 때는 띄어서 적는다. '한, 둘(두), 셋(세)'이라는 단어와 '번'이라는 단어가 문장에 나올 때 이들을 띄어 적는 것이 우리말의 일반적 질서다.

일반적 질서로 예측되는 것은 사전에 실리지 않는다. 그런데도 사전에서 찾아 나오지 않는다고 잘못되었다고 생각하는 사람이 많다. 거시적 구조에서 맞춤법을 제대로 이해하는 데는 도움이 되지 않는다.

그렇다면 띄어 쓰지 않는 '한번'은 '한'과 '번'이 독립된 의미를 가지지 않았을 것이다. 둘이 합쳐져서 새로운 단어가 되었기에 붙여서 적는 것이다. 새로운 단어가 되었기에 당연히 사전에 실린다. 예를 들어 보자.

- 이름이나 <u>한번</u> 물어봐. → 시도
- 언제든 <u>한번</u>은 만나겠지. → 기회
- <u>한번</u> 물면 놓질 않는다. → 행동의 강조

밑줄 친 '한번'에서 '한'은 앞서 본 '둘, 셋'과 짝을 이루는 '한'이 아니다. '한'과 '번'이 합쳐져서 새로운 하나의 뜻을 가

지는 단어가 된 것이다. 물론 아주 오래전에 '한 번'으로부터 출발하였을 가능성은 있다. 하지만 오랫동안 쓰이다가 새로운 의미로 굳어지게 되면, 하나의 단어가 된다.

그래서 오늘날 '한번'과 '한 번'은 달리 취급되는 것이다. 응용해 보자. 어떤 사람을 마주칠 때 이런 말을 하게 되는 경우가 있다.

- 언제 한잔 마시지.

정말 딱 한 잔만 마실 것이라면 띄어 적어도 좋다. 하지만 '언제 술을 먹을 기회를 갖자'라는 의미라면 띄어 적지 않는 것이 올바르다. '한'의 의미를 독립적 의미로 보는가의 여부에 따라 의미가 달라진다는 말이다.

'큰 일'을 띄어 쓸 때도 있다

국어에는 '한 번'과 '한번'처럼 띄어쓰기로 의미가 달라지는 예가 생각보다 많다. 좀 더 복잡한 예로 논의를 확장해 보자.

'큰일'이라는 단어 역시 '큰일'과 '큰 일'로 구별해 적을 수 있다. 맞춤법에 관심이 많은 사람에게는 이 말이 이상하게 들릴 것이다. 우리가 띄어 쓰는 '큰 일'을 발견하게 되는 일이 별로 없다. 그러니 '큰일'이 맞고 '큰 일'이 틀렸다고 생각하게 되는 것이다. 그렇다면 자주 본 표기인 '큰일'의 띄어쓰기부터 보자.

- 정말 큰일이다.
- 결혼식같이 큰일은 모두의 협조가 필요하다.

'큰일'이라는 단어는 '작은 일'의 반대말로 시작되었다. 하지만 '큰+일'로 합쳐져 오래 쓰이다 보니 아예 한 단어가 되어 쓰이는 경우가 훨씬 더 많아졌다. 그래서 '큰일'은 붙여 쓰는 것이 올바른 경우가 많다는 의미다. 사전에 실린 아래 예문을 보자.

① 큰일이면 작은 일로 두 번 치러라.(○)

'한 번'에서 본 질서대로라면 이 문장은 아래처럼 수정되어야 한다.

② 큰 일이면 작은 일로 두 번 치러라.(×)

여기서 '큰'과 '작은'은 대응 관계에 있다. '작은 일'에서 각 단어가 의미를 가졌다면 '큰 일'도 논리상 같은 맥락이어야 한다. 둘의 띄어쓰기가 동일하게 취급되어야 한다는 의미다. 하지만 국립국어원에서조차 '작은 일'과 반대되는 '큰 일'도 하나의 단어라고 판단한다는 것이 ①에 반영된 것이다. 그러니 '큰일'이 맞는 표기이고 '큰 일'은 잘못된 표기라 단정하는 것도 무리는 아니다.

그렇다고 '큰 일'과 같은 띄어쓰기는 없다고 단정 짓는 것은 곤란하다. '큰 일'도 얼마든지 있을 수 있다. 아래 문장을 보자.

• 이렇게 성과가 큰 일을 해내다니, 정말 대단하네.

이 문장에서는 '큰'과 '일'을 띄어 적어야만 한다. '큰일'이라고 적으면 잘못된 표현이다. 왜일까? 위의 문장에서 '성과가'라는 말의 서술어는 뭘까? 당연히 '크다'다. '성과가 크다'라는 말이 '일'이라는 말을 꾸민 것이다. 그러니 앞의 '큰'과 뒤의 '일'을 띄어 적을 수밖에 없다.

이렇게 '성과가 큰 일'이라고 적으면 컴퓨터에서는 맞춤법 오류를 가리키는 빨간 줄 표시가 뜬다. 당연한 일이다. 컴퓨터는 문장의 구조를 읽지 못한다. 입력된 자료에 기초하여 맞춤법의 오류를 결정할 뿐이다. 하지만 일상에서 우리는 매일 새로운 문장들을 만든다. 그리고 그 문장들 안의 단어 배열 순서는 컴퓨터가 인지하지 못하는 것을 상당수 포함하고 있다.

그래서 사전을 뒤져 얻은 지식을 바탕으로 '큰일'은 무조건 붙여 쓴다고 간단히 생각하는 것은 성급한 일이다. 우리는 사전 안의 단어들을 뽑아서 얼마든지 새로운 문장을 만들 수 있으니까. 우리말을 사용하는 우리의 능력은 언제나 사전보다도 컴퓨터보다도 앞선다는 사실을 잊지 말아야 한다.

더 맞춤법

'필요할테고'는 어디에서 띄어 써야 할까

띄어쓰기 원리를 제대로 이해하려면 좀 더 거시적으로 접근해야 한다. 인터뷰 기사의 일부를 옮겨 적은 것이다. 잘못된 것을 찾아보자.

> • 훈련 시설도 <u>필요할테고</u>, 장비도 <u>필요할테고</u>, 또 함께 훈련을 해 줄 인력도 <u>필요할테고</u>, 만약의 상황을 대비해서 의료 장비도 <u>필요할테고</u>… 필요한 게 <u>많을텐데요</u>.

밑줄 친 부분은 모두 잘못된 띄어쓰기다. 컴퓨터 맞춤법 시스템에서 오류를 잡아내는 얘이기에 조금만 신경을 쓴다면 오타를 줄일 수 있기는 하다. 오류의 이유는 무엇인가? 이유를 알아야 관련된 다른 띄어쓰기에도 적용할 수 있다. 원리를 보자. 기본형을 잡아 보자. '필요하다, 많다'를 잡아낼 수 있다. 앞의 예인 '필요하-'에 붙어 있는 'ㄹ'은 뭘까? 이 'ㄹ'이 무엇인지가 이 말을 띄어 써야 하는 이유를 말해 준다.

• 내일 할 공부, 어제 한 공부, 지금 하는 공부

  우리말에서 동사가 뒤의 명사를 꾸미려면 '-ㄴ, -는, -ㄹ'이 필요하다. 공부를 꾸미려고 '하다'에 '-ㄹ(미래), -ㄴ(과거), -는(현재)'이 붙었다. '하다'는 단어다. 그리고 뒤의 '공부'도 단어다. 띄어쓰기의 원칙을 다시 확인해 보자. 단어는 띄어 쓰고, 조사는 앞말에 붙여 적는다. '하다'와 '공부'가 각각 단어이니 당연히 띄어 쓴다. 그래서 '할 공부, 한 공부, 하는 공부'로 띄어 써야 하는 것이다.

  이것을 '필요할테고'에 그대로 적용해 보자. '필요할'의 '할'이 '할 공부'의 '할'과 같다. 이 '-ㄹ'이 '테고' 속의 명사를 꾸미고 있다는 말이다. 그래서 '필요할'과 '테고'는 띄어 적어야 한다. 우리말의 '-ㄹ'은 그런 것을 알게 해 주는 요소다. 같은 이유로 '필요할 테니, 필요할 텐데'도 모두 띄어 적어야 한다.

  그렇다면 '할 테고'에서 '테고'는 뭘까? 앞서 '테고' 속에 명사가 들었다고 했다. 여기에 들어 있는 명사는 '터'이다. '터이고'의 준말이 '테고'인 것이다.

  • 훈련 시설도 필요할테고 필요한 게 많을텐데요.
  → 훈련 시설도 필요할 터이고 필요한 게 많을 터인데요.
  → 훈련 시설도 필요할 것이고 필요한 게 많을 것인데요.

  이 '터'를 '것'과 바꾸어 쓰고 무엇이 달라지는지 보자. 크게 달라지지 않았다고 느끼는 사람은 이 '터'가 '의존 명사'라는 것에 주목한 것이다. '터'는 의존 명사여서 대표적 의존 명사 '것'과 바꾸었을 때 의미 차이가 크지는 않다. 차이가 있다고 생각하는 사람은 의존 명사들 사이에 여전히 남은 의미 차이를 본 것이다. 이전에 가진 의미를 자꾸 잃어 가는 명사들이 의존 명사다. 오늘날의 '터'는 의미가 약해져 '추측, 예정' 등의 느낌만 남았을 뿐이다. 그러니 '터'에 관련된 띄어쓰기가 어려운 것은 당연하다. 이를 자주 틀리는 띄어쓰기 목록에 넣어 두자. 주목해 두면 오류를 줄일 수 있다.

'기획' 뒤에 오는 '하다'를 붙이는 이유

　글에서 자주 발견되는 오류 유형 중 하나가 '하다'와 관련된 것이다. 학생들에게서든, 직장인들에게서든 일반적으로 나타나는 오류다. 왜 이와 관련된 오류가 많을까? 국어에는 '하다'와 관련된 단어가 정말 많다. 이를 사용하지 않고는 문서를 작성할 수 없다고 해도 과언이 아니다. 예를 들어 보자.

　① 하다
　② 공부하다, 생각하다, 사랑하다, 빨래하다, 마련하다, 수립하다, 설계하다, 진행하다, 건강하다, 순수하다, 정직하다, 진실하다, 행복하다, 미련하다, 고요하다, 정숙하다…

　띄어쓰기 오류는 주로 ②에서 발견된다. 잠깐만 인터넷을 뒤져도 오류가 무수히 발견된다.

　• 현재 기획 하는 프로젝트
　• 응모 하는 방법

- 제안 하는 스타일
- 임의로 마련 한 것

모두 붙여 적어야 하는 예다. 여기서 누군가는 이런 질문을 해야 한다. '기획하다'는 '기획을 하다'의 준말이니 띄어 써야 하는 것이 아닌가? 정말 본질적이고 멋진 질문이다. 이런 질문들이 띄어쓰기를 제대로 이해하게 한다. 질문에 제대로 답하려면 우리가 단어를 어떻게 만드는지를 알 필요가 있다.

단어를 만드는 생산적인 방법은 있는 단어를 활용하는 것이다. 그래야 이전 의미를 그대로 쓸 수 있으니까. '먹이'라는 단어를 예로 들어 보자. 이 단어의 '먹-'에는 이전 단어의 의미가 들었다. 그러면 '-이'에는 어떤 의미가 들어 있는가? '먹다-먹이, 놀다-놀이'의 관계를 보면 '-이' 덕분에 '먹다, 놀다'가 명사가 되었다는 것을 알 수 있다. '-이'는 동사를 명사로 만들어 주는 요소다. 그래서 항상 앞말에 붙여 적는다.

'동사'를 '명사'로 바꾸는 요소가 있다면 반대로 '명사'를 '동사'로 바꾸는 것도 있어야 하지 않을까? 그것이 ②의 '-하다'이다. '-하다'는 명사를 '동사'나 '형용사'로 바꾸어 주는 역할을 하는 요소다. 그래서 언제나 앞말에 붙여 적어야 한다. '-이'를 앞말에 붙여 적는 것과 같은 원리다.

이제 앞에서 했던 질문에 답해 보자. '기획하다'는 '기획을 하다'의 준말이 아니다. '기획'에 '-하다'라는 접사가 붙어서 새로운 단어가 된 것이다. 이 '-하다'는 '을, 를'과 관련되지 않은 단어들도 무수히 만들어 낸다. 예를 들어 '건강하다, 순수하다, 정직하다'는 '건강을 하다(×), 순수를 하다(×), 정직을 하다(×)'로 바꿔 쓸 수 없는 단어다.

심지어는 '게임(game)하다, 플레이(play)하다, 조인(join)하다, 컴퓨터(computer)하다' 같은 아직 우리말이라 할 수 없는 단어들도 만들어 내는 힘이 센 접사다.

• 오늘 할 일이 많아. = 할 일이 많아, 오늘.

위의 문장에서 '오늘'과 '하다'는 왜 띄어 적어야 할까? 이 단어는 '오늘하다(×)'가 아니다. 문장에서 ①의 '하다' 동사를 '오늘'이 꾸미고 있을 뿐이다. 이들을 구분하는 것도 올바른 띄어쓰기를 위해 짚어야 할 일이다.

할머니뼈 해장국

한국어를 처음 배우는 외국인들을 놀라게 하는 간판이 있다한다.

- 아줌마내장탕
- 엄마손칼국수
- 할머니뼈해장국

우스갯소리에 자주 활용되는 소재다. 이런 간판 이름이 개그 소재가 될 수 있는 이유가 무엇일까? 해석하기에 따라 아주 무서운 내용이 되기 때문이다.

무엇이든 세 개 이상이 연결되면 이들 중에는 더 가까운 것이 있게 마련이다. 더 가까운 것과 덜 가까운 것의 관계를 잘못 파악하면 아예 다른 해석이 나온다. 예를 보면서 무슨 뜻인지를 확인해 보자. 앞서 본 간판 이름들 안의 원래 관계는 아래와 같다. [ ] 표시는 셋 중 더 가까운 것을 묶어 보인 것이다.

- 아줌마 [내장탕] → 우스개: [아줌마내장] 탕
- 엄마 [손칼국수] → 우스개: [엄마손] 칼국수
- 할머니 [뼈해장국] → 우스개: [할머니뼈] 해장국

우스갯소리에서는 이 관계를 달리함으로써 원래 의미와는 전혀 다른 엽기적인 해석을 끌어낸 것이다. 아줌마가 운영하는 '내장탕집'이라는 원래 의미가 이상한 것을 재료로 하는 식당이 되어 버리질 않았는가? 문제는 이런 사례들이 개그가 아닌 실제에서도 얼마든지 나타날 수 있다는 것이다. 아래 예들을 띄어 써 보자.

- 서울시어머니합창단
- 오늘밤나무를심는다.

이 예들은 모두 중등 교과서에 나오는 예문으로 띄어쓰기의 중요성을 강조하려 활용한 것들이다. 띄어쓰기에 따라 어떻게 달라지는지를 보자.

- 서울 시어머니 합창단(×) → 서울시 어머니 합창단(○)
- 오늘밤 나무를 심는다.(×) → 오늘 밤나무를 심는다.(○)

띄어쓰기 하나로 뜻이 전혀 달라지는 것이 분명해진다. '어머니 합창단'이 뜬금없이 '시어머니 합창단'으로 돌변한다. 누군가는 밤에 나무를 심을 수도 있겠지만 그것은 그렇게 일반

더 맞춤법

적인 일은 아니다. 만일 그런 일이 있다면 '오늘밤'을 묶어 생각할 수도 있으리라. 하지만 이 지점에서 띄어쓰기가 더 중요해진다. 밤에 나무를 심는 경우에도 '오늘'과 '밤'은 띄어 적어야 한다. '오늘밤'은 하나의 단어가 아니기 때문이다.

여기서 중요한 점은 띄어쓰기 하나로 문장의 의미가 이렇게도 달라질 수 있다는 점이다. 이러한 오류를 막기 위한 장치가 띄어쓰기다. 우리가 글을 쓰는 목적은 다양할 수 있다. 우리가 어떤 목적에서 글을 쓰든 간에 일단 의미 전달을 제대로 해야 그 목적을 달성할 수 있다.

직무를 위해 작성하는 문서에서는 더욱 그렇다. 전달하려는 바가 무엇인지를 정확히 해야 그 문서를 통해 이루고자 하는 목적을 달성할 수 있다. 맞춤법을 지키는 것은 공식적인 글을 쓰는 데 지켜야 할 예의다.